世界が面白くなる！身の回りの哲学

遊戲

讓世界更有趣

臉　興趣　金錢　睡眠　正義　政治

戰爭　LGBTQ+　後資本主義　AI　網際網路

社群媒體　宇宙　生物科　流行　選

能發　意外事故　幸福　作　家人

戴上哲學的眼鏡看世界

死亡　宗教　自由　愛　惡　時間　世界

第一本\主題式/哲學思考書，幫助你看清人生與世界的真相

日本人氣哲學家　**小川仁志**　　林美琪 譯

年表

※僅列出本書介紹人物

年代	人名	思想
B.C.610	阿那克西曼德	古代希臘哲學
B.C.469	蘇格拉底	古代希臘哲學
B.C.427	柏拉圖	古代希臘哲學
B.C.384	亞里斯多德	古代希臘哲學
1596	勒內·笛卡兒	歐陸理性主義
1627	伊藤仁齋	儒家思想
1632	約翰·洛克	英國經驗主義
1646	哥特佛萊德·萊布尼茲	歐陸理性主義
1694	伏爾泰	啟蒙思想
1712	尚—雅克·盧梭	啟蒙思想
1724	伊曼努爾·康德	德國觀念論
1770	格奧爾格·威廉·弗里德里希·黑格爾	德國觀念論
1788	阿圖爾·叔本華	生命哲學
1806	約翰·斯圖亞特·彌爾	政治哲學
1818	卡爾·馬克思	政治哲學
1833	卡爾·希爾蒂	幸福論
1840	澀澤榮一	儒家思想
1841	古斯塔夫·勒龐	心理學·精神分析
1844	弗里德里希·尼采	存在主義

※ 歐陸理性主義 ： 奉笛卡兒為始祖的理論，強調人類是天生就具備先天觀念的存在。

年份	哲學家	學術領域
1856	西格蒙德·佛洛伊德	心理學、精神分析
1858	格奧爾格·齊美爾	生命哲學
1859	亨利·柏格森	生命哲學
1868	阿蘭	幸福論
1870	西田幾多郎	京都學派及其相關流派
1872	約翰·赫伊津哈	其他學術領域
1872	伯特蘭·羅素	分析哲學
1872	卡爾·雅斯培	存在主義
1883	馬丁·海德格	存在主義
1889	和辻哲郎	京都學派及其相關流派
1889	路德維希·維根斯坦	分析哲學
1897	三木清	京都學派及其相關流派
1900	埃里希·弗羅姆	心理學、精神分析
1902	艾力·賀佛爾	幸福論
1905	尚—保羅·沙特	存在主義
1905	伊利亞斯·卡內提	其他學術領域
1905	維克多·弗蘭克	心理學、精神分析
1906	漢娜·鄂蘭	政治哲學
1906	伊曼紐爾·列維納斯	存在主義
1907	米爾恰·伊利亞德	其他學術領域

※ 英國經驗主義：起源自英國哲學家法蘭西斯·培根（Francis Bacon）透過觀察和實驗來揭示自然界的機制。重視經驗的意義。

1908	1911	1913	1921	1925	1926	1928	1929	1933	1935	1937	1940	1942	1946	1947
西蒙·波娃	馬素·麥克魯漢	羅傑·卡尤瓦	阿爾貝·卡繆	瑪麗·道格拉斯	約翰·羅爾斯	吉爾·德勒茲	米歇爾·傅柯	戴維·阿姆斯特朗	手塚治蟲	于爾根·哈伯瑪斯	保羅·克魯琛	莫妮克·維蒂格	邁克爾·沃爾澤	加藤尚武	亨利·舒	路德維希·西普	喬治·阿甘本	大庭健	布魯諾·拉圖
女性主義	其他學術領域	其他學術領域	存在主義	其他學術領域	政治哲學	後結構主義	後結構主義	現代哲學	現代思想	政治哲學	其他學術領域	女性主義	政治哲學	政治哲學	倫理學	現代哲學	現代思想	現代哲學

年份	人物	領域
1949	斯拉維·紀傑克	現代哲學
1952	黛博拉·林恩·羅德	倫理學
1953	麥可·桑德爾	政治哲學
1954	凱斯·桑思坦	現代哲學
1956	貝蒂娜·舍內—塞弗特	倫理學
1956	朱迪斯·巴特勒	女性主義
	戴維·查爾莫斯	現代哲學
1966	宇佐美誠	現代思想
	大衛·朗西曼	現代哲學
1967	西奧多·薩德	政治哲學
	揚—威爾納·穆勒	分析哲學
1970	隆納·L·山德勒	政治哲學
1972	尼克·伯斯特隆姆	倫理學
1973	馬庫斯·加布里埃爾	現代哲學
	伊萊·帕理澤	其他學術領域
1980	尼克·斯尼切克	現代哲學
1982	布萊恩·D·厄普	倫理學
1985		現代哲學

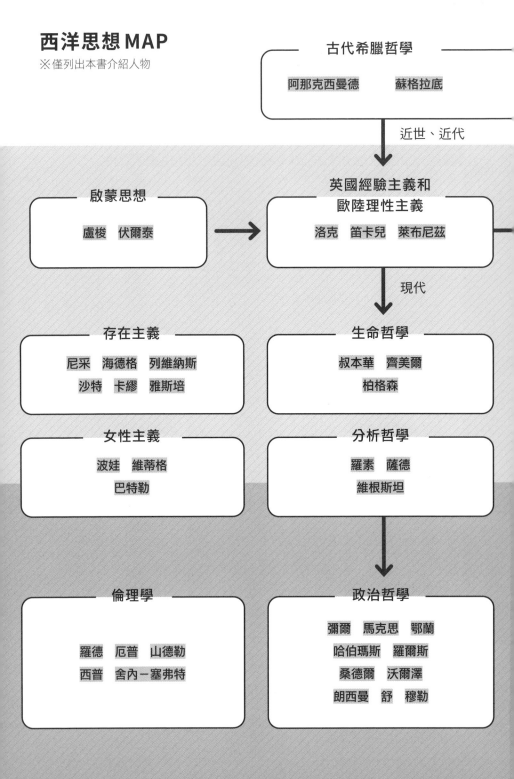

西洋思想 MAP

※僅列出本書介紹人物

古代希臘哲學

阿那克西曼德　　蘇格拉底

近世、近代

英國經驗主義和歐陸理性主義

洛克　笛卡兒　萊布尼茲

啟蒙思想

盧梭　伏爾泰

現代

存在主義

尼采　海德格　列維納斯
沙特　卡繆　雅斯培

生命哲學

叔本華　齊美爾
柏格森

女性主義

波娃　維蒂格
巴特勒

分析哲學

羅素　薩德
維根斯坦

倫理學

羅德　厄普　山德勒
西普　舍內－塞弗特

政治哲學

彌爾　馬克思　鄂蘭
哈伯瑪斯　羅爾斯
桑德爾　沃爾澤
朗西曼　舒　穆勒

柏拉圖　　亞里斯多德

德國觀念論

康德　黑格爾

幸福論

阿蘭　希爾蒂　賀佛爾

後結構主義

傅柯　德勒茲

現代哲學

加布里埃爾　查爾莫斯　阿姆斯特朗　阿甘本
斯尼切克　拉圖　伯斯特隆姆　桑思坦　紀傑克

心理學、精神分析

勒龐　弗蘭克
佛洛伊德　弗羅姆

其他學術領域

赫伊津哈　卡尤瓦
伊利亞德　道格拉斯
卡內提　麥克魯漢
帕理澤　克魯琛

日本思想 MAP

※僅列出本書介紹人物

儒家思想

伊藤仁齋

澀澤榮一

京都學派及其相關流派

西田幾多郎

三木清

和辻哲郎

現代思想

手塚治蟲　加藤尚武

大庭健　宇佐美誠

序言

> # 戴上哲學的眼鏡
> # 探索你我身邊的事物

爲什麼現在要談哲學？

近幾年，大家是否常常聽到「哲學」兩字呢？

想必有些人的反應是：「這麼說來，確實如此……」事實上，不僅以哲學爲主題的商業書籍越來越多，甚至還出現以哲學爲主題的電視節目了。

容我老王賣瓜一下，我自己曾在 NHK 教育頻道的《向全世界哲學家請教人生問題》節目中擔任三年的哲學解說員，目前仍在同一頻道的《Lotti 與小羊》節目中，以哲學觀點繼續爲大家解答人生種種困惑。

這些以哲學爲主題的電視節目長年占據一席之地，足見哲學已經深入人心了。

哲學原本就是智者們苦思冥想的結晶，**蘊含著可以應用於人生諮詢與煩惱諮詢的智慧**，這點應不難想像才對。

此外，歷史上的哲學家們不僅思考個人問題，也關注社會問題和各種事件，因此這些思想也適用於現代人的問題上。

事實上，每當出現重大問題，如政治變革、戰爭、自然災害、大流行病等，人們就需要哲學的智慧。

當前許多哲學家都對這次的全球新冠疫情發表看法。人們期待哲學能夠幫助我們理解這種前所未有的情況，思考應對之策。

此外，近年來商業界也相當關注哲學。因為在這個充滿不確定性的 VUCA[※1]時代，**講求更主觀、更具創造性的思維方式**。

我本人也接受來自各行各業的委託，為商務人士提供能夠實踐哲學思維的培訓課程。

讓世界更有趣

實踐哲學思維有什麼好處呢？

剛才提到，我們可以藉由實踐哲學思維來解決種種煩惱和問題，換言之，能讓世界變得更美好。

問題解決了、煩惱消除了，世界自然美好。

因此我們才會費心去思考解決之道。

如果思考只是讓人痛苦，沒人會去找罪受。

※1 VUCA： 以下四個英文字的縮寫： Volatility（變動性），Uncertainty（不確定性），Complexity（複雜性），Ambiguity（歧義性、曖昧模糊）。

但哲學不同，它能給出答案。

而且是讓世界變得更美好的答案。

古希臘哲學之父蘇格拉底曾說：「哲學是**為了過更善良的生活**。」聽起來充滿道德勸說意味，但我們不妨採取更廣義的理解。

在本書中，我刻意採用「美好」而非充滿道德意味的「善良」，並將視野從日常生活擴及**全世界**，探索如何讓世界變得更美好。

哲學也適用於商業，並且產生了許多創新。

哲學的**創造性思維**，對於創造新服務和新商品十分有幫助。

因此，「**讓世界變得更美好**」這句話也包含了創新。哲學可以創造出任何新事物，小到生活技巧，大到各種發明，都有可能源自哲學思維。

這已不僅能讓世界更美好，還能讓世界變得更有趣。

正如本書的系列名，哲學的確具有「**讓世界更有趣**」的潛力。

所謂：用哲學探索你我身邊的事物

本書主題是「用哲學探索身邊的事物」。這裡的「身邊的事物」，即是哲學探索的對象。

戴上哲學的眼鏡探索你我身邊的事物

哲學是一種思考活動，因此**需要思考的對象**。

反之，我們無法思考不存在的事物。

我們可以思考「無」，因為「無」不是指「什麼都沒有」，而是一種名之為「無」的存在。

哲學有個好處——**思考對象不設限**。

從生活瑣事，到政治、宇宙、科學……，任何事物都能加以思考。

從目錄即可看出，本書探索的主題涵蓋生活、政治、宇宙、科學等各種方面，相當豐富。

這些不都是你我身邊的話題嗎？

即便是政治、宇宙、科學等嚴肅複雜的課題，只要與你我有關，就是你我身邊的問題了。

換句話說，只要放進哲學思維的框架中，即使你不是各領域的專家，也能進行探索。這也是哲學的魅力所在。

或許各位認為哲學是在分析古代哲學家說的話，或者只把哲學當成一種知識看待。

的確，過往哲學似乎只是大學課程中的一門學科。

然而，**哲學的本質是思考**，今天的大學教育也開始重視思考這件事了。

「探索」哲學更有趣

那麼，哲學怎麼會變成一門學問呢？

我認為哲學原本就是一種思考活動、思考方法。只不過，當人們開始宣揚某位了不起人物的某種思想後，研究該思想內涵就逐漸變成目的了。

確實，偉大哲學家們留下的言論奧義精深，無一不是千錘百鍊後的智慧結晶，因此分析這些思想內涵是一件很有趣的事。

然而，「探索」哲學會更有趣。任何事情都是這樣，積極參與才會越來越有趣。

遺憾的是，人們普遍不知道探索哲學的方法。

儘管市面上的哲學書籍基本上都有提到，但能夠自信地說「這就是探索哲學的方法」、並且寫得簡單明瞭的卻寥寥無幾，換句話說，不是方法高深莫測，而是作者寫得不清不楚。

更棘手的問題是——因人而異。哲學方法因人而異的可能性極高，導致方法論不容易確立。

但如果只取最大公約數，我們可以得到結論：

懷疑，改變觀點，重新建構，然後，用言語表達出結果。

這就是探索哲學的方法。

聽起來似乎很簡單，但我總結許多人的見解，的確就是如此。

戴上哲學的眼鏡探索你我身邊的事物

由於哲學是一種「找出事物本質」的活動，因此首先就需要去**懷疑**我們視為理所當然的事情和定義。

然後，必須用**多元的角度**重新思考：「那麼，本質是什麼？」

接下來，**重新建構**你所思考的內容，**用你自己的言語表達出來**。這個結果就是事物的本質。

與此同時，你發出的言語也是一種創造性產物。因此，哲學又被稱為一種**創造性的活動**。

法國哲學家吉爾・德勒茲曾經斬釘截鐵地說：「哲學是概念的創造。」

我也認同。

哲學無非就是**用新的言語重新詮釋世界**。

當然，懷疑有許多方法，改變觀點、重新建構也都有數不盡的方法，這些方法即為**哲學概念**。

例如，蘇格拉底的問答法 [2] 是一種懷疑方法，黑格爾的辯證法 [3] 則可說是一種重新建構的方法。

所有哲學概念都可歸類為懷疑、改變觀點、重新建構的任何一種方法。

[2] 蘇格拉底的問答法：透過提出問題，引導對方說出真理的對話方法。
[3] 黑格爾的辯證法：其辯證邏輯不在排除問題，而是透過不斷帶入問題來推動事物的發展。

或者說，哲學概念是探索哲學後的一種心得。

因此，你知道的哲學概念越多，就能越有效地探索哲學。

就像在運動和遊戲中，你知道越多的規則和技能就會越有利，自然也越能樂在其中。

「哲學概念」聽起來有點誇張，其實不過是思考的技能和工具罷了。

如何？

你對「探索哲學」有點興趣了吧？

此外，「探索哲學」也包含「哲學實踐」的內涵。

哲學實踐就是把哲學**實踐出來**。

具體來說，就是把哲學應用到對話或諮詢場合中。我在我的煩惱諮詢活動，以及專為商務人士提供的諮詢服務中，都會帶入哲學實踐。

最著名的哲學實踐是**哲學咖啡館**，即決定主題後，進行哲學對話。

相較於獨自思考，聆聽大家對於主題的意見，或是分享自己的想法，可以獲得更廣泛的理解。

本書閱讀方式

以下說明本書的閱讀方式。

這是一本**哲學入門書**。前面已大致談及哲學是什麼、有何用處,以及如何享受哲學等概論部分。

在正文中,將具體說明如何針對各種主題進行思考,亦即展開各項分論。

哲學活動很抽象,我認為透過具體的主題來說明思考方式,可以幫助讀者更容易理解,於是採取這樣的編寫方式。

因此,本書與一般的哲學入門書或教科書不同,目的不在針對個別概念或人物進行解說。

這樣的教材已經很多了,而我本身也不擅長這種硬梆梆的書寫方式。

我想透過「如何以哲學的方式思考自由」、「如何以哲學的方式思考人工智慧」等具體方式,向讀者展示如何探索哲學、實踐哲學。

本書設定的主題從日常生活到抽象概念都有,範圍廣泛,幾乎涵蓋了你我身邊的所有話題,因此讀者可以從自己感興趣或想了解的主題開始閱讀。

本書分為六大類,每一大類各有五個主要主題。無論哪一個

主題，我都會介紹三到五位哲學家的思想。

由於每個人的想法不同，因此哲學的結果，也就是事物的本質，也會因人而異。**哪種觀點才正確，取決於自己的想法。**

在介紹三到五位哲學家的思想後，我會在「**我的看法**」中寫一點自己的看法，提供參考。

希望大家都能自己探索哲學。

「探索」哲學的意義，我先前已經介紹過了。

針對每個主題，在了解歷史上的哲學家和我個人的觀點之後，也請各位思考一下你的看法。

當然，我希望你能依照**懷疑、改變觀點、重新建構**的步驟來進行，但不這樣做也沒關係，因為閱讀本書的過程，就已經讓你對所有主題產生質疑，改變觀點。

接下來，只需要思考：「**我是怎麼想的？**」就是在重新建構。而把自己的想法轉化成言語，便算是探索哲學了。

用言語表達出來才有意義。

不能用言語表達出來，表示你還沒有充分思考清楚。

每個主題的最後都有一個「**你的看法**」欄，請將你的答案寫進去。

這樣做可以大幅提高閱讀本書的意義，並且表示你也完成「探索哲學」這件事了。

請各位務必藉此機會，整理一下你對你我身邊各種問題的想

法。

　哲學的答案、事物的本質，皆會隨著當下的情況而改變。因此只要抱著「**此時此刻，我是這麼想的**」想法去寫就可以了。

　最後，簡單介紹一下專欄和附錄。

　我會在專欄中介紹與主題相關的書籍。

　每個主題都會推薦一本書。有些書可能比較難懂，我會加上簡單的解說。

　每本書的難易度以星星數表示，最難為五顆星，不妨參考一下。有興趣深入探討該主題的人，可以閱讀我推薦的哲學書。

　至於附錄，則是簡單介紹書中哲學家的基本思想與立場。

　每位人物的年代和思想，也都匯整於本書開頭的「年表」及「思想 MAP」中，如果你在正文中遇到感興趣的人物，可以前後參考一下。

　那麼，我們趕快開始吧！

第1章　探索日常生活中的哲學

第2章 探索社會上的哲學

第3章　探索科技上的哲學

第4章 探索災害方面的哲學

第5章　探索人生的哲學

第6章　探索抽象概念的哲學

第 1 章

探索日常生活中的哲學

遊戲

Play

說到「遊戲」，你有什麼印象呢？

可能是愉快、休息、不必太認真等等的感覺吧。

換句話說，作為一種人類的活動，遊戲好像是相對輕鬆的。

更進一步說，遊戲似乎被視為與學習或工作相對立、多餘且次要的活動？

然而，事實並非如此。

約翰・赫伊津哈
（Johan Huizinga，1872-1945 年）

荷蘭歷史學家約翰・赫伊津哈曾經將人類形容成「**遊戲的人**」（Homo Ludens）。

似乎哲學家們普遍都有這樣的想法。

艾力・賀佛爾（Eric Hoffer，1902-1983 年）

美國哲學家艾力・賀佛爾認為：「**人類不是從勞動開始，而是從遊戲開始。**」也就是說，先有遊戲，後來才演變成勞動。

證據就是，土製玩偶比土器更早製作出來。

因此他主張：「**人類的本來樣貌，只有在遊戲時才會表現出來。**」

雖然賀佛爾本人的生活並非遊戲終日，但至少不是每天都在忙碌打拚。應該說，他只按生活所需而工作，其餘時間不是抽菸、吃美食，就是讀書和寫作。而這些美食、香菸、讀書、寫作，廣義來說也算是「遊戲」吧。

賀佛爾曾經提倡：「**要像五歲小孩般全力生活。**」小孩的日常生活除了遊戲別無其他，因此對賀佛爾而言，自然無論做什麼都要像玩遊戲一樣了。

弗里德里希・尼采
（Friedrich Nietzsche，1844-1900 年）

德國哲學家弗里德里希・尼采也奉勸世人要**活得像小孩**。

尼采提出的**超人思想**包括三個階段，最終階段的超人（overman）竟然是**小孩**。超人指的是能夠完全肯定這個世界的強大存在。

確實，小孩不會煩惱，不會抱怨，接受一切。他們全心全意

沉浸在遊戲中。或許可以說，他們是在**和世界玩遊戲**。

毫無不當的想法，例如企圖創造什麼，或是賦予什麼意義等。

尼采主張，沒用處也行，沒意義也可，這種**無用性**正是遊戲的本質。

人類似乎老在追求有用性，即能夠派上用場的事情、某種特別的意義，但其實我們也在追求無用性，因為遊戲是日常生活中難能可貴的至寶，尤其是對成年人而言。

羅傑・卡尤瓦 (Roger Caillois，1913-1978 年)

若說遊戲的要素得在非日常狀態中才能出現，應該一點也不為過吧。

法國思想家羅傑・卡尤瓦曾對此進行過詳細的分析。

他用「**玩樂**」（paidea）和「**勝負**」（ludus）來解釋遊戲的本質。

玩樂指介於即興和歡樂之間、從規則中解放以獲得自由的原始力量。

換言之，指的就是**非日常性**。

相對而言，**勝負**是恣意卻帶有強制性，指的是讓人遵循某種特定規範的力量。各位不妨理解成「規則」。

結論就是，遊戲既是非日常和自由的，同時又是受一定規則約束的矛盾活動。

基於這一點，卡尤瓦將遊戲元素分為以下四類：

· **競爭**（agon）
· **運氣**（alea）
· **模仿**（mimicry）
· **興奮**（illinks）

「**競爭**」指的是運動和棋盤遊戲等。

「**運氣**」指的是賭博等多半靠運氣的遊戲。「alea」是拉丁語，意指骰子遊戲。

「**模仿**」包含了辦家家酒到演戲等。

「**興奮**」是遊戲的效果。例如坐雲霄飛車或看馬戲團時感受到的刺激和興奮感。

這些似乎都是日常生活中難以獲得的。

但反過來說，如果將這些遊戲元素融入日常生活中，那麼**工作也可以變成遊戲**了。

有些人說，他們的工作就是遊戲。

或許這些人已經將卡尤瓦所說的四種遊戲元素成功地融入工作中，或是找到工作中的這些元素了。

此外，將遊戲元素融入日常生活的好處，不僅僅是讓每天過得更有趣而已。

人類本來就是遊戲的動物，因此這樣做具有重要的意義，可

以恢復人類的本性。

　現代人之所以常有揮之不去的疲憊感，可能不是因為忙碌，而是失去了原有的本性。

　要振興經濟，重點應該不是埋頭工作，而是回想追逐動物、製作土偶時那種心無旁鶩、天真爛漫的時光，用遊戲的心情來工作才對吧。

我的看法

遊戲，是一種為了恢復人類本來樣貌而進行的非日常性活動。

你的看法

難易度

★★★

弗里德里希・尼采

《查拉圖斯特拉如是說》

(Also sprach Zarathustra)

這是尼采著作中最知名的作品。

查拉圖斯特拉大聲疾呼：「上帝已死，人類當成為超人。」

尼采蔑視那些只能在基督教價值觀中生存並低估自己的人，稱他們為「**末人**」（the last man）。

本書是一篇壯闊的故事，呼籲人們超越這種怨恨心理（Ressentiment），成為超人。

出人意料的是，理想中的超人形象，竟被暗示成一個**能像小孩般無憂無慮玩耍的存在**。

臉

Face

一個人身體的哪一部分，最能表現出個人特質呢？

聲音？輪廓？還是臉？

當然，毫無疑問就是**臉**了。

但問起：「臉是什麼？」卻很難得到明確的答案……。臉就是那種明明很熟悉，卻又不容易理解的東西。

和辻哲郎 (1887-1960 年)

日本哲學家和辻哲郎在他的散文名篇〈面與面具^{※1}〉中寫道：「再沒有像面貌這般不可思議的東西了。」

臉當然是一個人的主要部位，和辻哲郎更進一步論述：「**面貌才是一個人的人格核心**。」

過去在西方，「persona」單純指戲劇表演上使用的假面具。

後來，它的含義逐漸轉變為劇中角色，到了現在，已經引申為真實世界中一個人真正的角色了。

※1 這裡的「面具」，和辻哲郎用的是「persona」這個字。

　　換句話說，面貌已經成為人格的表徵。也因此，人們更加重視這張**臉**了。

　　不論對方性格如何，人們往往「以貌取人」。

　　以貌取人自然容易產生各種誤判。

　　這類失敗案例頻頻出現在招募考試上，甚至是戀愛、結婚方面。

　　但現實就是這樣，沒有最狂，只有更狂；如今，為了提升顏值而整型早已是司空見慣的事了。

　　每天我們都會聽到「帥哥」、「美女」這樣的字眼，不分性別的化妝品市場蓬勃發展，放眼盡是醫美整型廣告的強勢宣傳，在在顯示這是一個重視外貌的社會。

　　這種過度重視外貌的風潮已經引起反彈而出現所謂的「**外貌主義**」（Lookism），意指外貌歧視。

　　雖然外貌歧視不限於臉部，但臉是外貌的核心，這點用不著多說吧。

黛博拉・林恩・羅德
(Deborah Lynn Rhode，1952-2021 年)

　　美國法律倫理學家黛博拉・林恩・羅德曾對此「外貌主義」

問題，提出嚴正的指摘。

羅德主張，之所以不容外貌歧視，不僅因為它悖離了機會均等原則而侵犯個人尊嚴，且會助長因性別導致的各種不公平現象，進而危害個人自我表現的權利。

只要大家停止「以貌取人」，就能消弭這種不公平。

但是，這麼做又會產生另一個問題——侵害想藉外貌展現自我的人的權利。如果這也算是一種「外貌主義」的話，那麼我們唯一能做的就是**停止干涉別人**。

就長相而言，每個人都不一樣。

美麗也好，不美也好，不過是長相不同罷了。

伊曼紐爾・列維納斯
(Emmanuel Lévinas，1906-1995 年)

法國哲學家伊曼紐爾・列維納斯，則從更深刻的角度來論述人人長相有別這件事。

列維納斯長期關注**「他者」的意義**，他說：「**因為他者，我們才得以存在。**」

我們和他人的外表、性格都不同，換句話說，因為和他人有所差異，我們才能區別出自己。

事實上，我們只能透過區別自己和他人的不同來界定自己。

而且，現實生活中，我們都是在他人的幫助下過活。正是拜他人的幫助所賜，我們才能夠工作和生活。**沒有任何人可以單獨活下去。**

因此，我們不能將他人納入自我之中。將他人納入自我之中，等於是在**支配**他人。

身為猶太裔的列維納斯，從納粹的**極權主義**[※2]中領悟到這點。

如果我們將他人納入自我之中，那麼整個世界就變成了自我。這種現象和極權主義無異。

為了避免如此，我們必須尊重他人的存在。

而臉正是他人的象徵。

因為每個人的面貌都是獨一無二的。換言之，每張臉正代表著他人存在的事實。

結論是，我們應該尊重每個人的每一張臉。

無論長相如何，都不存在好壞、優劣等價值上的差異。

因為，它們只是「長得不一樣」罷了。

我們常常聽到人們說「臉色好」、「氣色好」、「表情好」，這些絕不是在談論美醜與否，而是在談論是否過得好、是否擁有豐

※2 極權主義 ： 納粹所奉行的一種思想及政治體制， 亦即不承認個人自由及社會團體的自律性， 而是統制個人的權利和利益， 使之與國家整體利益一致。

盈充實的人生。

　　臉之所以重要，不僅僅因為每個人都長得不一樣，更因為它代表著一個人。簡直可以說，臉表現出一個人的生活。

　　如果過得好，自然會面帶笑容、表情平和，讓人覺得「臉色好」、「氣色好」、「表情好」。

　　然而，這不過是人生的一部分。手上的皺紋、背部的姿態，都可講述一段人生故事，臉只是最顯而易見的部分。

　　正因為最顯而易見，因此我們說，臉是一個人的**人生容顏**。

我的看法

臉，是最顯而易見的「人生容顏」。

你的看法

難易度
★
★
★
★

伊曼紐爾・列維納斯

《整體與無限》

(Totalité et Infini: essai sur l' extériorité)

　　這是列維納斯的重要著作之一，他在書中提出「他者是一個無限的存在」的觀點，並從中找出人應對他者負責的根據。

　　他稱那些被追求卻永遠無法滿足的東西為「**欲求之物**」。

　　而欲求之物絕對是他者。

　　就此意義而言，他者永遠無法納入整體之中。

　　他者的象徵就是每個人獨特的**臉**。

　　為了意識到他者的存在，我們需要仔細看對方的臉。

興趣

Hobby

你對「興趣」的印象是什麼？

應該是工作以外的、心情愉快的、有空才做的……之類的事吧。

興趣又稱業餘活動，可見是有閒工夫才做的事。

當然，如今隨著「工作與生活的平衡」觀念逐漸成熟，人們會刻意安排充實的休閒時光。

不過，許多思想對興趣的詮釋並非如此。

三木清（1897-1945 年）

例如，日本哲學家三木清的**娛樂論**。

娛樂也是指工作之餘從事的活動，因此可以看成和這裡討論的興趣無異。

三木清主張：「**娛樂就是生活。**」然後補充說：「**另一種方式的生活。**」

看電影、打高爾夫球這類興趣活動，的確和日常的上班工作、打掃做家事不同。

但仍然是人生的一部分。

若是如此，三木清質疑，怎麼能把興趣當成生活附屬品，說放棄就放棄呢？

興趣會利用到日常用不到的器官和能力，因此可以作為一種教養。

沒有教養的人、沒有教養的生活該是多麼無趣，這點不用多說吧。

開口閉口都是工作，除了家事還是家事的人生，簡直單調乏味。

我們需要興趣，不僅是為了殺時間，還是為了過有意義的生活，因此興趣絕非可有可無。

這是三木清的思想。或許，我們應該將興趣和娛樂，視為一種別具意義的活動來享受吧。

和辻哲郎（1889-1960 年）

日本哲學家和辻哲郎提出**享樂論**。

通常享樂的意思是沉浸於快樂中，可能跟興趣、娛樂有些不同，但從和辻哲郎的論述來看，我們可以直接當成他指的就是興趣。

他所論述的**享樂**，指的是重視玩味事物的生活方式。

換言之，享樂是一種**重視美更甚於重視善的態度**。

進一步說，如果「應該這樣才對」的想法是善，那麼享樂的態度就是可以去做非善的事，甚至為惡。

這種感覺的確很適合稱之為享樂吧。就某個意義來說，興趣是指超乎常規、**有點脫序的活動**，因此能有從日常解放出來、令人感到愉快的效果。

以上是日本哲學家對「興趣」所提出的論述。那麼西方哲學家又是怎麼想的呢？

伯特蘭・羅素
（Bertrand Russell，1872-1970 年）

英國哲學家伯特蘭・羅素認為，**興趣是追求幸福的手段**。

把興趣當成一種手段，是西方理性主義的表現。從事興趣的人、擁有興趣的人總是幸福洋溢，可見興趣的確具備幸福的要素吧。

不過，羅素揭示的興趣，意義更為深遠。

他說：「**有了興趣，心情就能向外擴展。**」

人之所以感到不幸，是因為一直過度關注自己的內心感受，把自己鎖在軀殼之中。

要脫離自我禁錮的牢籠，就必須敞開心房，向外發展。那麼就得擁有興趣。

探索日常生活中的哲學

因此，羅素主張：「**興趣越多越好。**」

他還說，一個有興趣的人，就算遭逢身邊親友去世的不幸，也能忘卻悲傷。

用興趣來消除親友逝去的悲傷，似乎不太合適，但羅素表示，總比什麼都不做而陷溺在悲傷谷底好多了。

挺有道理。

興趣不是為了享樂，而是為了分散注意力，重新站起來。

羅素想要表達的是，心情沮喪又沒有興趣、嗜好的話，就沒機會重新振作了。

由此可知，興趣富含各種意義。

為了教養、為了豐富人生、為了解脫日常枷鎖、為了轉換心情，還有，為了幸福。

想必各位已經明白，**興趣是我們日常生活中不可或缺的重要活動**了吧。

不論目的為何，興趣的確是走向豐富人生的一條道路。當然，還有其他道路。要享受人生，就得多找幾條幸福之道。

我的看法

興趣，是走向豐富人生的另一條道路。

你的看法

難易度

★★

伯特蘭‧羅素

《幸福之路》

(The Conquest of Happiness)

　　羅素本身克服了種種不幸而實現幸福，因此寫下此書教導大家如何贏得幸福。

　　本書以哲學觀點出發，前半段分析「為什麼不幸福」，後半段則說明「贏得幸福的方法」。

　　羅素指出，贏得幸福的關鍵在於：**「將注意力轉向外部。」**

　　而能幫助我們做到這點的就是——興趣。

　　本書收集了許多具體的小故事和寓言，寫得既深刻又有趣。

　　讀完，內心會不由得升起一股幸福感。

金錢

對於金錢，你是持正面印象嗎？

還是持負面印象呢？

持正面印象的人是因為金錢幫他們實現願望，通常多為有錢人或是有強烈欲望的人。

相反地，持負面印象的人，肯定正在為錢所苦吧。他們可能欠了一屁股債，或是賺的錢太少。此外，不得不繳交一大筆稅金也會讓人痛苦，因此，也是有對錢感覺很差的有錢人。

到底為什麼會發明出錢這種東西呢？

約翰・洛克（John Locke，1632-1704 年）

英國哲學家約翰・洛克為我們解開這個謎題。

根據洛克的說法，**金錢是從「所有權」概念產生出來的**。他的論述如下：

首先，人們對自己的身體擁有所有權。因此，人們對
利用身體取得的東西也具有所有權。

不過，這麼一來，自然界中的東西都會逐漸變成自己
的；一旦持有的東西越來越多，最終這些東西會用不掉
而腐壞，形同浪費。

為了不讓好不容易取得的東西白白浪費掉，於是人們
發明了不會腐壞的錢。

洛克說的沒錯，古代人如果要貯存猛獁象的肉，肯定存不了
太多，但如果換成金錢，那要存多少就能存多少。金錢可無限
量貯存下來的性質，催生了**資本主義**。

卡爾·馬克思（Karl Marx，1818-1883 年）

德國的經濟學家兼哲學家卡爾·馬克思分析指出，擁有工廠
等生產手段的**資本家藉由讓勞工勞動來儲存多餘的利潤**。結果
是資本家不斷累積財富，而勞工勞動再勞動，生活卻未獲得改
善。

或許這就是金錢讓人反感的原因之一。

另一方面，資本家雖然賺得盆滿缽滿，卻仍舊貪得無厭，形成痛苦的癥結。要解決這類問題只有一個方法──**重新認識金錢的本質**。

格奧爾格・齊美爾 (Georg Simmel，1858-1918 年)

我們可以參考德國哲學家格奧爾格・齊美爾的**貨幣論**。

齊美爾首先論述「**金錢帶來自由**」的觀點。隨著社會日益擴大發展，人們以金錢為媒介，逐漸擺脫直接的人際關係與財產束縛而獲得自由。

但問題是：如何使用這種自由。

因此，齊美爾認為：「貨幣只是通向最終價值的橋梁，而不是最終目的。」換言之，**重要的是如何使用金錢**。

他還說過：「**人類畢竟無法住在橋上**。」按照他的說法，漫無目的儲存金錢的人，就像試圖住在不能居住的橋上一樣。

重要的是儲存金錢的目的；如果目的明確，也許無需辛苦地賺錢或存錢。

然而，有些人依然想要存錢，原因恐怕是對人生感到莫名的**不安**吧。

如果是因為想著：「又不知道未來會發生什麼事，當然需要錢。」那根本沒完沒了。

我們無法知道自己能活多久、會生什麼病。如果擔心災害或戰爭，那麼無論有多少錢都不夠用。

而且，在這些情況下，金錢肯定大幅貶值，滿手鈔票也毫無意義。

因此，**存款再多也無法解決內心的不安，還會導致無窮無盡地追逐更多金錢。**

但你不可能永遠追逐下去，最終只會陷入一個惡性循環——無論再怎麼存錢都會感到不安。

要打破這種惡性循環，唯一方法就是解決不安的根源。

確實，人生會發生什麼事不知道。但反過來說，也可能什麼事都不會發生。

因此，如果相信「船到橋頭自然直」，到時候總有辦法解決，那麼只需要最低限度的金錢就夠了。

可以說，**金錢問題是內心不安的問題**，解決內心的不安比較簡單。

尚－保羅・沙特
(Jean-Paul Sartre，1905-1980 年)

不擔心未來的樂觀主義者不會擔心金錢的問題。法國哲學家尚－保羅・沙特就是這樣的人。

他認為錢夠過日子就好，於是把多餘的錢，例如寫書的稿費，拿來幫助窮人。

沙特奉行**存在主義**（Existentialism），堅信人生需要自己去努力開拓，一定有辦法克服不安的問題。

活在被金錢「工具」支配的生活中是愚蠢的，建議大家思考一下為什麼要追求金錢。

這不僅適用於個人，也適用於整個社會。

人們對金錢的不安，正反映出社會的不安。因此，政府與其苦思經濟對策，更該制定不安對策，這才是正道。

我的看法

金錢，是不安的另一面。只要解決不安問題，自然不需要金錢。

你的看法

難易度

★★★★★

卡爾‧馬克思

《資本論》

(*Das Kapital*)

　　這是馬克思的主要著作，揭示了資本主義的矛盾，即透過剝削來獲取利潤，讓勞動者處於「異化」（alienation）、疏離的困境。呼籲社會進行革命，轉向社會主義。

　　原著《資本論》共有三卷，但除了第一卷是由馬克思親自發表，其餘是在他去世後，由他的贊助者兼盟友弗里德里希‧恩格斯（Friedrich Engels）發表。

　　資本家利用勞動者過度生產來獲取利益。

　　資本家獨占**剩餘價值**，造成勞動者遭到剝削，實質上被迫從事免費工作。

　　這是勞動者異化現象的原因。

睡眠

Sleep

　　日本人說現在是「人生百歲時代」，那麼，各位注意到了嗎？這一百年中，有四分之一，即二十五年，人都是在睡覺。

　　有一次，我突然意識到自己要睡二十五年，深受衝擊，覺得實在太浪費了。

　　話說回來，不睡覺就活不了，就此意義而言，睡眠實在太重要了；但因為睡著時沒有意識，人們便容易輕視其重要性。

亞里斯多德
(Aristoteles，B.C.384-B.C.332 年)

　　第一個注意到睡眠重要性的人，是古希臘哲學家亞里斯多德。

　　他說：「**睡眠就是感覺不動的狀態。**」

　　而且不是個別的感覺，是所有感覺共同的作用都不動了，即**共同感覺停止**。

　　也就是所有功能都停止了。

　　那麼，為什麼要停止所有功能呢？

亞里斯多德肯定地說：「**這是為了維持生命，以便再次活動。**」

人是生命體，自然需要**休息**。

因此，想睡覺表示身心需要休息，而抗拒身心的需要是不對的，會造成身體或心理的不適。

卡爾・希爾蒂（Carl Hilty，1833-1909 年）

相反地，想睡卻睡不著，表示身心需要其他的東西。

瑞士哲學家卡爾・希爾蒂揭示了這一點。

希爾蒂寫了一本關於睡眠的書，可見他相當注重睡眠。而注重睡眠是為了健康。

但他同時也說：「**在無法入睡的夜晚，不必強迫自己睡覺。**」

因為那是面對自己的機會。

他認為不眠之夜是「神的恩賜」，因為是神賜予我們這個思考重要事情的機會。

希爾蒂是一個虔誠的基督徒，難怪他有這種想法，但也不無道理。

明明想睡卻睡不著，是因為心中有所牽掛。

那麼，放著牽掛不管，想必怎麼睡也睡不著吧。

不正視自己的心情而硬逼自己睡覺，恐怕有害身心。

不徹底解決問題只會不斷失眠，久而久之，健康便每下愈況。

不如**好好面對自己**。

不過，就是因為自己無法解決問題，才會成為牽掛；單靠自己的想法去解決，往往注定會失敗。

因此，希爾蒂說：「**想一個愛護你的人，然後想想他會建議你怎麼做。**」

愛護你的人，應該會希望你處在最佳狀態。

已經不在人間的人也無妨。換作是那個人，他會給你什麼樣的建言呢？

此外，就算睡得著，每個人都會為某些事情、甚至是自己沒意識到的事情而煩惱，這些煩惱就變成入睡後的夢。

之前提到睡眠是所有功能停止的狀態，但**理性例外**。這點亞里斯多德也做了論述。所以我們都會做夢。

睡眠，也可說是一段做夢的時光。

做夢的程度因人而異，也取決於當時的身心狀態，但完全不做夢是不可能的。有人說他沒做夢，不過是因為他不記得夢境罷了。

因為**夢境對於人類生存是不可或缺的**。

探索日常生活中的哲學

西格蒙德・佛洛伊德 (Sigmund Freud，1856-1939 年)

精神分析之父西格蒙德・佛洛伊德用「**夢的工作**」來形容夢的功能。

這裡的「工作」並非指夢幻般美好的事情，而是指夢所扮演的角色。

他認為，人們做夢是為了重新思考在清醒時所經歷的事。

人在清醒的時候會有各種經歷，**夢的工作就是讓人重新以自我為中心來思考這些事情**。

為什麼要這麼做呢？

因為這樣做可以讓人感到安心。

當人對不可理解或令人不安的事情進行自我中心的理解和反思時，就能獲得安心感而繼續生活。

在夢中找到事情的定位：「哦，原來那件事對我有這樣的意義啊。」人們便能睡得更安穩，隔天也能活力充沛。

為了維持生命，也為了藉做夢來整理心情，好好睡一覺絕對重要，更何況睡眠還能讓我們重新開機。

話說：「睡一覺就忘了。」這是真的。透過睡眠，我們可以迎接嶄新的一天。無論遇到多麼心煩的事，只要一覺醒來，又是全新的一天到來。身為天生就有記憶力的人類，能夠重啟每一天的生活，該是多麼大的救贖啊！

因此，請好好睡覺，才能每天重新開機，迎接新生活。

我的看法

睡眠，是幫助我們重啟每天新生活的最大救贖。

你的看法

難易度

★★★

西格蒙德・佛洛伊德

《夢的解析》

(Die Traumdeutung)

　　精神分析之父佛洛伊德對夢境做了一番深入研究，並寫下這本分析人類精神活動本質的專書，開啟一個嶄新的領域。

　　在此之前，從心理學角度來分析夢境的做法十分罕見。

　　佛洛伊德提出一個創見：**「人們在夢中所見到的，實際上是自己原本想法的總匯整。」**

　　為了更深入地研究夢境，他採用「**自由聯想**」（Free Association）的方式來回憶夢中的內容。

　　並由此得出一個結論：「夢境，是被壓抑的欲望以偽裝形式表現出來的結果。」

第 2 章

探索社會上的哲學

正義

聽到「正義的夥伴」，你會想到什麼樣的人呢？

好人嗎？那麼什麼是「好」？是壞人的相反嗎？那麼「壞」
又是什麼？

「壞」給人的印象，不外乎卑鄙、不公平之類的吧。

例如，當許多人欺負一個弱者時，有人挺身幫助那個弱者，
這個人就算是「正義的夥伴」。

那麼，到底正義的夥伴是在做什麼？

如果那個弱者突然抓狂，卯起來痛打眾人並持續使用暴力的
話呢？

此時幫助弱者就失去意義了。

換句話說，**正義的夥伴是在維持雙方的平衡。**

在這種情況下，阻止抓狂的人才是正義。

實際上，這就是**正義的定義。**

亞里斯多德 (Aristoteles，B.C.384-B.C.322 年)

　　古希臘哲學家亞里斯多德，可說是針對這種「平衡的正義」進行正式論述的第一人。

　　根據亞里斯多德的說法，正義有兩種形式：**矯正正義**（Corrective Justice），類似罪與罰的平等矯正，以及**分配正義**（Distributive Justice），依據能力和功績獲得財富的分配。

　　不過，這兩種形式都需要平衡，平衡罪與罰、工作與報酬。

　　實踐矯正正義的人，肯定是正義的夥伴，因為他平衡了強者和弱者的力量。會進行過度攻擊的英雄，已經不算是英雄了吧？

約翰・羅爾斯 (John Rawls，1921-2002 年)

　　在古希臘時代以後的哲學史上，關於正義的討論相對較少。也許是在亞里斯多德的論述之外，已經沒有更多可以補充的。

　　然而，在現代的背景下，關於正義的討論突然復興了起來，而推動這個趨勢的人物，正是美國政治哲學家約翰・羅爾斯。

　　羅爾斯發表了一本名為《正義論》的書，**點燃關於正義的討論**。《正義論》探討的是社會不平等的正當性問題。

　　因此，他的正義論著重於如何在確保自由的同時實現正義，

稱為「**作為公平的正義**」。

在《正義論》中，他提出稱為「正義二原則」的理論。

首先，他說每個人都應該平等地分配自由，這是**平等自由原則**。

這裡的自由只限於言論自由、思想自由和身體自由等基本自由。

接下來是第二原則，分為兩部分。

第一部分是**公平機會原則**：只有在為了保障地位平等和就業機會平等時，才能認可社會和經濟的不平等。第二部分是**差異原則**：在前面的狀況下，調整剩餘的差異和不平等。

他強調，調整差異必須讓處於最不利地位的人獲得最大的利益。

換句話說，這是一種讓處於不利地位的人分享利益的想法。

羅爾斯的這種立場稱為「**現代自由主義**」（Modern Liberalism），儘管強調實現公正，但基礎仍是自由主義，自由至上。

然而，羅爾斯的理論只提及公平正義的程序，單單說明這樣做就可以實現正義，卻未闡述「何謂正義」這種價值觀的爭議。但這種「把人看成是沒有任何負擔的抽象存在，即**沒有負擔的自我**」的論點，引發不少批評。

麥可・桑德爾
(Michael Sandel，1953- 年)

哲學家們尖銳地挑戰這些問題，然後提出另一種與正義相關的討論。他們採取的立場稱為「**社群主義**」（Communitarianism），或稱「**共同體主義**」。

美國政治哲學家麥可・桑德爾可謂其中的代表人物。

桑德爾繼承亞里斯多德的正義理論，但提出了更具體的「**共善**」概念，試圖探索社群中的共同價值。

他表示，共同價值會因不同的社群而異。我們本來就不是羅爾斯所想像的那種「**沒有負擔的自我**」，我們不是抽象的存在，自然會受到各種社群文化的影響。

基於這種立場，桑德爾發表一本著作，論及美國的市場競爭正義和能力主義制度正義，對時代的風潮提出尖銳的質問。

在當今社會中，什麼是共同的正確價值，只能透過該社會成員進行討論來確定。

因此，桑德爾非常重視**公共對話**。

他在世界各地設立對話場所，讓大家一起來討論何謂正義。

得到的結論是，如果正義的本質是平衡，那麼**唯有透過不斷探索什麼是平衡，才能實現正義**。

正如法官所做的一樣，因為每個案件的平衡都不同，即便在同一個案件中，只要出現新證據，平衡便隨之改變。

神話中的正義女神手持天秤，因此用天秤來象徵司法正義，

也就不難理解了。

正義既不能事先決定，也不能固定不變。

正義必須持續不斷生成。

我的看法

正義，是透過辯論而不斷生成的平衡。

你的看法

難易度

★★★★★

約翰‧羅爾斯

《正義論》

(A Theory of Justice)

一九七〇年代，本書在美國掀起一陣旋風。

這是一本試圖復興政治哲學的名著，以「作為公平的正義」為主題，明確論述自由主義的立場。

從此開啟一場大辯論：「自由主義和社群主義，哪個才是正確的？」即所謂「**自由主義與社群主義之爭**」。

本書回答如何平衡自由與平等，以及如何設計福利社會等問題。

這是一部必讀的二十世紀經典之作。

政治

什麼是政治？

應該可以說是「利害關係的調整」吧。

人人有別，自然想做的事情不一樣，需要的也都不一樣。

問題在於，我們必須和別人一起生活下去。

換句話說，必須用人人都可接受的方式，與別人一起分享有限的資源。

亞里斯多德
(Aristoteles，B.C.384-B.C.322 年)

古希臘哲學家亞里斯多德發現了人類的這項本質，進而說：「**人是政治的動物。**」

當時，人們在稱為「政治社會」或「城邦」（Polis）的小型共同體中互助合作地生活著。

因此，在政治社會中，經常需要調解利益衝突。

此時的最理想狀態就是「**中庸之道**」。

只要每個人都能自我節制、適可而止，就不會產生激烈的利益衝突。

為避免自私自利而釀成衝突，我們必須學習相互禮讓的精神。

這就是亞里斯多德所說的「**友愛**」（Philia）。也可說是把對方當作自己看待的一種態度。

在現代社會，政治之所以運作不順，就是因為友愛精神早已蕩然無存。

別說友愛了，現代社會簡直充滿了攻擊。這點從網路上的誹謗造謠、炎上現象即可明顯看出。

人們原本想利用社群媒體這種工具發表意見，但實際上卻**把社群媒體當成攻擊工具**。也許是未經深思熟慮就輕率發表意見的關係吧。

原本透過冷靜思考便能克制住的攻擊行為，如今隨意點擊一下就行了，不，就完成了。問題或許就出在這種機制上。

如果面對面交談，人們會更加謹言慎行。但在社群媒體上發表意見，往往欠缺這種讓人多加思考的機會。

**大衛‧朗西曼
（David Runciman，1967- 年）**

因此，意見本身可能受到操控。這是英國政治哲學家大衛‧朗西曼所指出的問題。

他提出警告：「**民主主義正走向末路。**」

歷史上，民主主義曾多次面臨危機，納粹的極權主義（Totali-tarianism）就是典型例子。

不過，朗西曼表示：「現代民主主義不會以我們過去經歷過的方式結束。」他預言民主主義將以另一種完全不同的方式，即在科技的日漸接管下悄然瓦解。

這點，我們從社群媒體上的論調有受到大型 IT 企業操縱的趨勢即可窺知。

如果人們相信社群媒體上的論調而進行投票，那麼這還能稱為民主主義嗎？

操縱社群媒體進而影響政治的情況，已經以**民粹主義**的形式表現出來，而且十分嚴重。民粹主義是指有領袖魅力的人利用民眾的不滿，巧妙地進行譁眾取寵的政治活動。

前美國總統川普就是典型代表。這種類型的領導人已在歐洲和世界各地出現了。

揚－威爾納・穆勒
（Jan-Werner Müller，1970- 年）

德國政治思想家揚－威爾納・穆勒認為，這種民粹主義的本質在於**反對多元主義**，不承認其他思想和道德觀。

本來，民主主義的本質在於**多元性**，即反映各種立場的聲音，

探索社會上的哲學

包括少數人的聲音，將這些聲音納入政治，思考一個國家的未來。

但在民粹主義下，只聽取少部分人聲音的政治人物，有可能受到這些人的強烈支持而當選。這種現象損害了多元性。

如果領導人只聽取少部分人的聲音，排除其他聲音，那會怎樣呢？

最終，民粹主義會不會走向**極權主義**呢？極權主義是一種恐怖的體制，像納粹一樣，獨裁者會排除不服從的人。

因此，說民粹主義是披著民主主義外衣的極權主義的萌芽，實不為過。

如同一開始說的，政治是利害關係的調整。如果像極權主義那般利害關係盡失，就不再需要政治了。

但是，**不再需要政治，意味著我們每個人都無法獲得更好的處境。**

一切都會被權力支配，而在極權主義下，這種支配是由一個獨裁者單方面決定。

這麼一想，我們就知道政治有多麼重要了吧。

一旦不關心政治，世界就會變成某個人的私產。然後，我們會發現自己不僅失去政治，還失去了所有的自由。

因為政治是人們在自由生活中不可或缺的摩擦。

我的看法

政治，是人們在自由生活中不可或缺的摩擦。

你的看法

難易度

★★★

亞里斯多德

《政治學》

(Politika)

　　本書介紹了亞里斯多德的政治學理論，其中最知名的一句話就是：「**人是政治的動物。**」

　　他認為人類是在社會共同體中互相合作的存在。

　　因此，他主張國家的美德也應該和倫理學中主張的一樣，就是**中庸**，最完善的生活方式也是中庸之道。

　　而在最完善的政治制度方面，他主張一種**中庸式的民主主義**，即由中間階層擔綱重要任務，而不是富人或窮人。

戰爭

War

　　自從世界上出現第二個、第三個……社會後,人類間的戰爭始終沒停過。

　　事實上,即便經過第二次世界大戰的痛苦洗禮,人類似乎仍不想停止戰爭。

　　戰爭仍在世界的某處發生,只要國家有軍隊,隨時都有涉入戰爭的可能。

　　如此一來,也就催生出不是如何停止戰爭,而是如何正確開戰的想法。

　　亦即**正義戰爭理論**。

邁克爾‧沃爾澤
(Michael Walzer,1935- 年)

　　正義戰爭理論由來已久,如今,美國政治哲學家邁克爾‧沃爾澤正努力構建這套理論。

　　他認為:「只有當『**進行戰爭的正義**』和『**戰爭中實現的正義**』這兩個條件都滿足時,才能將戰爭合理化。」

　　「進行戰爭的正義」是指戰爭需要有正當的理由。

例如，當國家領土或主權遭到侵犯時。這是為了防衛而發動攻擊，自然可以理解。

「戰爭中實現的正義」則是指即便不得不發動戰爭，也絕不能將非戰鬥人員當作攻擊目標。

問題在於，很難區分誰是非戰鬥人員。

特別是在利用無人機空襲等的現代高科技戰爭中，很容易發生誤擊；而遭受攻擊的一方，也會故意藏身於醫院或學校中。

此外，在緊急情況下，為了將損失降至最低，往往會容忍例外。

因此，即便要打一場符合正義的戰爭，也不容易畫出那條界定紅線。

布魯諾・拉圖
(Bruno Latour，1947-2022 年)

因此，我認為應該像法國哲學家布魯諾・拉圖所提的，**透過外交談判來處理國家之間的利益衝突**，而不是認可正確的戰爭。

在談論戰爭與和平時，他提出「**必須承認戰爭狀態**」這個前提。

因為現代社會表現得彷彿沒有戰爭一樣。

或許你也感到不解，尤其是在西方社會，他們認為他們建立的社會才是正確的，那些反對他們的國家只是為反抗而反抗罷了。

在這種看法下，真正的和平不可能實現。

只有當雙方承認彼此平等，才能尋求解決之道。

各國之間的各種衝突，即使名為爭吵而非戰爭，其實就是戰爭。拉圖稱這種認知上的變化為「**從『單一自然主義』轉換到『多元自然主義』**」。

「單一自然主義」觀點認為自然界只有一個樣態，而「多元自然主義」則認為自然界是複雜多樣的。

換句話說，這是意味著從「**承認唯有一個絕對正確性**」的自然科學態度，**轉換成「承認有多種正確性存在」的態度**。因為並非只有西方社會才是正確的。

戰爭是國與國之間的一種外交手段。

因此，除非進行這種基本態度的轉變，否則無法建立真正的**共同世界**。

那麼，具體而言，應該如何談判呢？

拉圖說：「接受對方國家的存在論前提，例如對神的看法或對科學的看法。」也就是說，接受和認同該國人民存在的基本前提。

這麼一來，我們就不會像自然科學那樣進行絕對性的判斷，而能夠自己構建世界的意義了。

探索社會上的哲學

伊曼努爾 · 康德
(Immanuel Kant，1724-1804 年)

說得更理想一點，如果能創造出一個無法發生戰爭的制度，那麼連談判交涉都不需要了。這就是近代德國哲學家伊曼努爾 · 康德提出的**永久和平制度**。

他的著作《永久和平論》，被認為是國際聯盟（現今的聯合國）成立的基礎。

康德表示：「各國的利益必然相互對立，不加約束就無法避免戰爭。」

換句話說，戰爭就像是國家的本能。

因此，他提出透過各國之間約法三章來建立永久和平的方案。

然而，要達成這一目的，國與國之間的關係必須對等。

康德否定「世界政府」[※1] 的可行性，原因就在於此。

如果把世界看作是一個國家，就會產生階級，導致對抗。

為了避免對抗，康德呼籲各國之間制定規則，建立相互掌握命運的關係。

話說回來，現在的聯合國運作得如何？

聯合國的實權掌握在二戰勝利國手上，加盟國之間無法建立真正的平等關係，導致各項功能失調。

※1 世界政府：由一個政府統一全世界，將全人類視為同一個國家的國民。

聯合國改革的腳步如此遲緩，要解決這個問題，我們似乎只能解散聯合國，建立一個新的國際組織了。

因此，我們需要二十一世紀的永久和平哲學。

我的看法

戰爭，既然是國家的本能，就不得不加以約束。

你的看法

難易度

★★★

伊曼努爾・康德

《永久和平論》

(Zum ewigen Frieden)

　　這本名著被認為是**國際聯盟設立**的奠基之作。

　　康德呼籲透過法律約束國家的戰爭行為以實現和平，因為人類具有戰鬥的本能，國家具有戰爭的本能。

　　本書分成兩個部分，前面是準備實現各國之間永久和平的**預備條款**，後面則是具體名列和平條件的**正式條款**。

　　康德最終追求的不是建立世界政府，而是建立**國家聯盟**，這點十分務實，在現代社會也具有說服力。

LGBTQ＋

LGBTQ+ 是用來表達多元性向的詞語，這個議題應該是從為解放女性而展開的**女性主義**運動開始的。

女性主義的起源可以追溯到十八世紀。當時在人權意識提高的影響下，出現了幾位主張女性權利的思想家。

然而，這並不代表女性歧視已經消失、男女平等已然實現。

西蒙・波娃
(Simone de Beauvoir，1908-1986 年)

就像早期精神分析之父佛洛伊德說的「**解剖學是宿命**」一樣，生物學上的男性和女性的決定論，至今仍然根深蒂固。

但是，自從以「**女人並非生而為女人，而是成為女人**」金句著稱的法國思想家西蒙・波娃發表了《第二性》一書後，人們已經逐漸認識到，女性是社會構建的產物。

莫妮克・維蒂格
(Monique Wittig，1935-2003年)

受此影響，法國思想家莫妮克・維蒂格主張：「性別差異本身就是社會構建的產物，而不是生物學上的差異。」引起討論熱潮。

維蒂格本人是一位女同性戀者，但卻主張「**女同性戀者並非女人**」。

她認為女同性戀者是一種獨特的性別。

朱迪斯・巴特勒
(Judith Butler，1956- 年)

後來，美國哲學家朱迪斯・巴特勒為了防止性別固定化，甚至開始**否定同性戀者、女同性戀者等任何新的性別分類方式**。

巴特勒一直在試圖擾亂現有體制。

確實，如同巴特勒所計畫的，現在關於性別的種類已經受到擾亂，於是出現「LGBTQ+」這種詞彙，在最後加上「＋」來表示還有更多類別。

換言之，**性別已被視為和個性一樣，有許多種不同的存在。**

布萊恩・D・厄普
(Brian D. Earp，1985- 年)

關於性別的種類，英國倫理學家布萊恩・D・厄普認為：「**性別本來就是身分認同，因此可以自由選擇。**」

厄普認為，社會將原本複雜的性別簡化為男性、女性、同性戀等標籤，只是便宜行事罷了。

選擇哪個標籤完全取決於個人，不必管別人如何認定。

不過，能否讓他人理解自己的標籤則是另一個問題。

因為目前社會上，有人發起反性別運動，試圖擴大或解構男女這種刻板的性別觀念，同時也有另一批人反對這種想法而加以攻擊。

米歇爾・傅柯
(Michel Foucault，1926-1984 年)

對抗這樣的攻擊需要相當的力量。

在這方面，現代法國思想家米歇爾・傅柯被定位為採取第三種策略的思想家，即不屈服也不戰鬥。

傅柯本身是同性戀者，也曾經苦惱過應該如何出櫃。

當時，社會上對同性戀者的打壓比現在嚴重許多。

但他在研究性別歷史的過程中，想到了**存在美學**的概念。

探索社會上的哲學

　　自古以來，一直存在著鼓起勇氣告白性別的歷史。傅柯參考後，開始表述自己人生中的美學價值，並且肯定其價值有獨特的存在意義。

　　換句話說，存在美學是在探索自己的生活方式，同時重新構建與他人的關係。

　　對傅柯本人而言，這不是在要求他人承認同性戀者的權利，而是**將同性戀作為一種新的生活方式**。

　　因此，他選擇出櫃，選擇透過出櫃與他人建立新的關係。

　　關於性取向，當你越是正面對抗，就越會產生衝突。或許這是因為，新的性取向否定並攻擊了自己的身分認同。

　　如果是這樣，傅柯採取的策略就是最好的。

　　他不否定任何人，也不屈服，只想以自己本來的方式生活。

　　他的身影越是美麗，支持存在美學的人就越多，如同對藝術的支持一樣。

　　巧合的是，傅柯對藝術的造詣也很深。可見，我們應該**像藝術作品一樣地活著**。

　　藝術作品不會戰鬥，但會表達觀點，改變世界。在這個意義上，LGBTQ+ 可能就是人們作為藝術品而主張各自生活方式的一種表現吧。

LGBTQ+，是人作為藝術作品的一種生活主張。

你的看法

難易度

★★★★★

《肉體的告白》

米歇爾・傅柯

(*Histoire de la sexualité, IV :*
Les aveux de la chair)

　　《性史》系列是傅柯晚年的代表作。

　　其中最後第四冊就是《肉體的告白》。

　　可以説，對性進行論述，是他的終身志業。

　　傅柯最後還特別追溯歷史，從古典希臘時期一直到基督教早期，以確立本書採取的是一種「**欲望的詮釋學**」的立場。

　　這是一種透過表達自己真實感受來不斷自我轉化的實踐方式。

後資本主義

Post-Capitalism

資本主義的替代方案是什麼？

我馬上想到的是**社會主義**或**共產主義**。

雖然兩者嚴格來說並不相同，但是從不透過競爭手段而**公平分配財富**的角度來看，兩者是差不多的。

今天，人們正在探索新的機制，以取代過度發展而造成不平等及環境破壞的資本主義。

新冠病毒（COVID-19）大流行更加凸顯出這些差距，因此人們越來越支持這種思潮。

卡爾・馬克思
（Karl Marx，1818-1883 年）

證據就是，近年德國經濟學家兼《資本論》作者的哲學家卡爾・馬克思，又再度受到注目。

特別是在日本，東京大學副教授齋藤幸平出版一本關注馬克思晚期思想，並闡述其現代意義的著作《人類世的「資本論」》，引起廣大回響。

本書與一般人對馬克思的理解不同，指出晚期馬克思**關心環**

境問題，並且追求可持續發展的「去成長化」（degrowth）經濟。

如果重視使用價值，避免製造無謂的物品，環境負擔自然會降低。

勞動時間也必然縮短。

基本上，馬克思認為**人類淪為單純的生產工具，且被排除在勞動成果之外是不對的**。因此，他呼籲不僅要縮短勞動時間，還要廢除單一的分工模式，讓每個人的勞動變得更具創造性。

一旦人類被貶低為生產的工具，最終將導致人類與自身的存在本質疏離，**無法過上符合人性的生活**。這就是馬克思的思想核心。

要擺脫這種困境，除了克服勞工被排除在外的「異化」狀況，別無他法。因此，馬克思主張進行革命，首先是將生產手段與所有勞工分享，然後導入一種經濟體系，讓生產品都能與大家分享。

換言之，**因為大家都是同一國家的國民，基本上應該共享財富**，這就是馬克思所提出的社會主義基本概念。

斯拉維・紀傑克
(Slavoj Žižek，1949- 年)

斯洛維尼亞哲學家斯拉維・紀傑克建議把馬克思的思想應用於全球社會。

他一直努力倡議「重新改造的**共產主義**[※1]」。

而在疫情期間，他觀察國際社會的合作情況後，認為全球社會應該分享必要的財富。

馬克思提出的共產主義是透過革命來實現平等社會，但紀傑克提出的共產主義不強調這樣的過程。

新冠疫情期間，各國彼此補充短缺的醫療器材和藥品，共享疫苗開發資訊。在這樣的全球社會中，建立一種互助合作的經濟體系，或許就是所謂的「**重新改造的共產主義**」。

無論如何，各國都在檢討過度發展的資本主義問題了。

澀澤榮一（1840-1931 年）

近年，日本也出現了轉型為新日本式資本主義的趨勢。

※1 共產主義：否定財產私有，以共享生產手段的方式，實現無貧富差距社會的一種思想。

日本資本主義之父澀澤榮一的肖像被印在二〇二四年新版的一萬圓日鈔上,因此不僅讓人再次注意到這位大師,也回想起像他這樣主張以追求公益為目的的資本主義思想。

雖然名為資本主義,但顯然他的目標是追求**盡可能公平的社會**。

相對於這種追求公平的思想,也有人持相反立場,認為要透過徹底實行資本主義來克服問題。因此可說,**後資本主義**是在加速資本主義的進程。

後資本主義又名「**加速主義**」(Accelerationism),過去十年間在網路上崛起,是一種新興的哲學思想。

具體而言,加速主義主張利用科技進一步擴大生產和消費,讓現有的資本主義體系加速走到盡頭,人們才能走出資本主義。

**尼克‧斯尼切克
(Nick Srnicek,1982- 年)**

加速主義也有各種不同的立場,例如加拿大思想家尼克‧斯尼切克等人即提倡**利用 AI 人工智慧等科技來減少勞動時間**。

也可以利用 AI 創造的財富來彌補貧富差距。

換句話說,他們設想出一種人類和科技共存的後資本主義。

確實,利用科技來解決問題,是擁有高度智慧的人類才能採

取的手段，某個程度值得期待。

然而，科技並非萬能，總會有漏洞和副作用。

以加速主義而言，因為最終依然不會停止競爭，所以似乎也不會減輕對環境的傷害，最嚴重的是，人們之間互助合作的精神可能更加淡薄。

或許，人們永遠必須既競爭又合作，並在這種平衡中，不斷尋找時代所需的最佳經濟體制。

從這個意義上說，後資本主義可以稱作是一種抑制資本主義過度發展的資本主義，也可稱作是一種認同必須有競爭要素的共產主義。

我的看法

後資本主義，是在競爭與互助的平衡中，找尋時代需要的最佳經濟體制。

你的看法

難易度

★★

齋藤幸平

《人類世的
「資本論」》

（人新世の「資本論」）

　　本書根據最新的馬克思研究，首度指出，馬克思晚年其實相當關心環境問題，並追求一種**持續可行的「去成長」經濟體系**。

　　這本暢銷書論及，因新冠疫情而興起的後資本主義討論中，馬克思思想依然足以成為一種替代選擇，解決當前面臨的各種問題。

　　例如，轉型成馬克思主張的「使用價值」（value in use）經濟，即可停止對「**人類世**」地球進行的破壞行為。

第 3 章

探索科技上的哲學

AI

Artificial Intelligence

　有段時間，大家熱烈討論 AI 會不會搶走人類的飯碗、會不會
支配人類等話題，彷彿 AI 是即將大舉入侵地球的外星人。

　最近這樣的討論已經稍微冷卻下來。

　但這不是因為我們已經理解 AI 的本質，而是 AI 已經在社會
上紮根。

　或許大家認為 AI 統治人類的那一天不遠了。

　讓我們思考一下 AI 的發展和社會的趨勢吧。

　首先，AI 之所以讓人害怕，是因為大家認為它比人類更聰明，
甚至擁有與人類相同的情感。

　關於更聰明這一點，要看如何解釋「聰明」，但至少可以肯定
的是，AI 在訊息處理方面比人類優秀。如果我們認為人類的大
部分思維活動都是訊息處理，那麼 AI 就比人類更聰明。

　不過，就創造性思維而言，目前看來，人類優於 AI。

　如果我們認為創造力也是一種想法的組合，那麼它就與訊息
處理無異。而且，已經有 AI 能夠繪製和撰寫出媲美人類的作品
了，因此很難說哪一方更優秀。

那麼，AI 是否擁有與人類相同的情感呢？

答案眾說紛紜。

哲學界也一直在研究這個問題，稱之為「**心靈哲學**」（Philosophy of Mind），並可追溯到古希臘時代，因此說它是個千古大哉問也不為過。

勒內・笛卡兒 (René Descartes，1596-1650 年)

而大規模的討論，是從近代法國哲學家勒內・笛卡兒提出「**身心二元論**」（Mind-Body Dualism）以後開始的。

身心二元論主張身體和心靈是兩種不同的實體。

他證明心，即意識，是世上一種特殊的存在，且是不容質疑、確確實實的存在。

於是說出最著名的金句：「**我思故我在。**」

當時，笛卡兒也探討了機器人問題，並認為：「機器人沒有意識。」

但如果機器人擁有意識，就會出現一種搭載 AI 的「自主機器人」（Autonomous Robot），叫人害怕。

笛卡兒甚至進行人體解剖來探究心靈，可惜未能得出結論。

而現代，人們開始熱議科學能否創造出心靈。

現代的心靈哲學有兩種主要觀點。

一種是所謂的「**一元論**」（Monism），例如「唯物一元論」便主張整個世界，包括心靈在內，都是由物理實體所構成。

這種觀點也稱為「唯物主義」。唯物一元論認為整個世界都可以用物理學來解釋。

另一種觀點是「**二元論**」（Dualism），認為心靈是異於物質的非物理實體，世界由非物理實體和物理實體所構成。

戴維・阿姆斯特朗 (David Armstrong，1926-2014 年)

有些哲學家採取了一元論以外的觀點。

澳大利亞哲學家戴維・阿姆斯特朗等人提出了「**功能主義**」（Functionalism）。這種觀點不問心靈的本質為何，而是用心靈的功能來定義。

換句話說，他們認為**心靈的狀態只不過是一種功能**。

例如心痛，不過是有刺激反應的功能所產生的一種狀態。因此，即便它是一種人造腦部纖維物質產生的刺激反應，只要疼痛功能本身得到實現，那麼疼痛就會真實發生。也就是說，如果對一種類似人工大腦的物質進行刺激並產生反應，那麼這種反應就表示疼痛的功能獲得實現。

馬庫斯・加布里埃爾
(Markus Gabriel，1980- 年)

　　相對於功能主義，二元論則對這種只要模擬人類大腦便能產生心靈的看法提出異議。

　　德國哲學家馬庫斯・加布里埃爾就是代表人物之一。

　　他斷言：「**我們的心並不等同於大腦。**」心更為複雜，應有更多的可能性。

　　儘管如此，科學家仍試圖將精神與大腦看成同一種東西，因為他們想把一切放進他們所構思的故事中。

　　因此，一旦我們相信 AI 有心靈，我們就會陷入這樣的故事中。

　　加布里埃爾提出警告，這只會使我們失去自由。

　　我們不知道 AI 是否有心靈，但如果有，心靈將成為科學可以製造的東西。

　　這意味著人類心靈已經成為科學控制的對象。

　　為了避免這種可怕的狀況發生，我們必須繼續宣揚心是一種特殊的存在。

　　而且，即使 AI 擁有心靈，我們也無法確定那顆心是否和人類一樣。

　　因為即使是人與人之間，也無法看見彼此的內心。

　　這樣一來，無論 AI 的智慧多麼發達，它也注定永遠只是一個物體，永遠與人類不同。

我的看法

AI，即便智慧相當高，也永遠無法等同於人類。

你的看法

難易度
★★★

勒內・笛卡兒

《談談方法》

(*Discours de la méthode*)

這是笛卡兒的主要著作，內容提到，當我們對所有對象進行思考和質疑，就會發現我們的意識是不容置疑的特殊存在。一如「**我思故我在**」這句名言所述。

儘管書名取得像是一本探討哲學方法的著作，但其實身兼科學家的笛卡兒，在書中對當時最先進的科學提出了許多自己的見解。

為了方便一般讀者，本書是以法語而非拉丁語撰寫。

網際網路

Internet

用什麼來比喻網際網路最恰當呢？

像空氣般的存在？

不，網際網路要來得具體一些，應該說是「像世界般的存在」吧。

無論如何，網際網路已經是理所當然的存在，也是我們現代生活中不可或缺的基本要素了。

馬素・麥克魯漢
(Marshall McLuhan，1911-1980 年)

在網際網路誕生之前，加拿大媒體學者馬素・麥克魯漢就預見它的出現，並稱之為「**地球村**」（Global Village），其實就是「世界」的意思。

但它是另一個世界。

麥克魯漢洞悉出這個即將到來的網際網路的本質。

即人們的意識互相串聯，世界變成了一個整體。

的確，透過網際網路這個基礎設施，世界各地的個人都能互相聯繫，於是人們在物理上變成一體，世界也一下子開放了。

　　然而，與麥克魯漢的預見相反，從兩層意義來看，現代網際網路使世界變得更狹小。這可以說是網際網路的負面影響。

　　1）網際網路非但沒有將全球的訊息傳遞給人們，反而剝奪了這種可能性。
　　2）網際網路並未把人們帶到一個開放的世界，反而把人們關在一個如同繭蛹般狹小的袋子裡。

　　以下介紹哲學家對這些負面影響的看法。

伊萊・帕理澤
（Eli Pariser，1980- 年）

　　人們通常只會接觸某些特定領域或特定論調的資訊。於是，網際網路會辨識這些特定資訊，並優先提供相關內容給使用者。

　　《搜尋引擎沒告訴你的事》一書作者伊萊・帕理澤敲響警鐘，稱這種現象為「**過濾泡泡**」（Filter Bubble），也就是我們一般通稱的「同溫層」。

　　你越使用網際網路，你的資訊就越容易被網際網路掌握，他們就能推測你需要的資訊而顯示給你看。

　　如今這種情況已成為常態，只是你不知道罷了。

　　更恐怖的是，有些人覺得網際網路主動提供想要的資訊是一

種便民服務，也就越用越習慣了。

帕理澤指出，這樣的功能會將我們孤立在片面的訊息中。之前提到網際網路有其負面影響，就是它奪走了獲取世界各地訊息的機會。

要解決這個問題，除了主動改變使用模式外，也可以嘗試搜尋不同的訊息，或定期刪除瀏覽器中用於識別用戶的 Cookie 等。

雖然有點麻煩，但這是與網際網路共存所需付出的努力。

凱斯・桑思坦
(Cass R. Sunstein，1954- 年)

第二個問題，在某種程度上與第一個問題相似。

所謂「網際網路把人們關在一個如同繭蛹般狹小的袋子裡」，指的就是「**資訊繭房**」（Information Cocoons）的問題。

這是美國思想家凱斯・桑思坦提出的新詞彙。

他在他的著作《標籤：社交媒體時代的眾聲喧譁》中指出，**人們被自己的資訊繭房包圍住。**

「資訊繭房」一詞，讓人聯想到一個與外界隔絕的舒適空間。

確實，如果包圍自己的都是自己喜歡的訊息，人們會感到舒適愉快。

但這麼一來，就不會接觸到不同的觀點；都是持相同想法的

人才會聚在一起並且互相認同，不必討論便能直接否定不同的觀點。

於是，民主無從成立。

換言之，**網際網路正在危及民主**。

最近，假新聞以及人們對假新聞的盲目接受，促進了**民粹主義**的興起。

因此，我們必須在網路網路上進行更多開放的討論。

桑思坦提議，可以在發布政治觀點時，附上反對意見的連結，或是在螢幕上設置「**機遇鍵**」[※1]，以便接觸自己平常不會主動去看的訊息。

此外，他還提出：「網際網路世界也適用**公共論壇理論**。」

公共論壇理論是指在公共場所，保障發言者發表言論的權利，同時要求聽者傾聽發言者的言論。

總之，網際網路是我們創造的另一個充滿希望的世界，因此我們必須進行開放的討論，交流更多不同的意見。

一個注定封閉的世界不能算是一個世界，那不過是一個聚會場所。而且顯然，那裡沒有希望。

※1 機遇鍵：這裡的機遇，原文是「serendipity」，意指發現不期而遇的寶藏。桑思坦的建議是，只要按下這個「機遇鍵」，就會自動顯示出不在使用者意圖中的資訊。

我的看法

網際網路，是我們創造的另一個充滿希望的世界。

你的看法

難易度

★★

凱斯・桑思坦

《標籤：社交媒體時代的眾聲喧譁》

(#republic: Divided Democracy in the Age of Social Media)

　　本書敲響一記警鐘，指出網際網路雖然宣稱要將世界合而為一，但其實正在分裂世人。

　　桑思坦表示，人們被自己的**資訊繭房**包圍住。

　　這麼一來，人們只會收到自己喜歡的資訊，也就可能導致民主危機。

　　因此，他建議在發布政治觀點時，應該提供反對意見的連結，或是設計出可以接觸不同意見的機制。

社群媒體

Social Network Service

不可否認，社群媒體已成為現代社會的基礎建設。

不論個人或企業，都會在社群媒體上發布訊息。

當然，也會從社群媒體上獲得訊息。

此外，它還是人們溝通上不可或缺的工具。

正因為今日已是資訊社會，可以說，社群媒體決定了我們的生活方式。

但是，科技往往是一把雙面刃，社群媒體也可能成為一種危險的工具。

馬庫斯·加布里埃爾
(Markus Gabriel，1980- 年)

指出這一點的人是德國哲學家馬庫斯·加布里埃爾。

為了進行數位排毒（Digital Detox），他在新冠疫情期間將所有社群媒體帳號全刪光了。

他表示，這是因為**社群媒體會強制推送不符合用戶真正想法和價值觀念的資訊給用戶**。

的確，社群媒體推播的訊息，會因為 AI 演算法而產生差別，

因此每個人所看到的資訊種類都不一樣。

社群媒體會根據用戶的搜尋傾向而推測其愛好、思考方式，然後將篩選過的資訊推給用戶。

當然，如果用戶都能以批判的態度看待這些資訊就沒問題了，但事情沒那麼簡單。

而且還有另一個問題，就是人們太容易輕信別人提供的資訊。

古斯塔夫・勒龐
(Gustave Le Bon，1841-1931 年)

早期，法國思想家古斯塔夫・勒龐就討論過這個問題，並稱之為「**群眾心理**」，又稱「**群體心理**」。

他發現法國大革命時期，市民會在相同的心理狀態下朝一定方向前進。他稱這樣的市民為「**群眾**」。

群眾都喜歡簡單的事物，因此很容易被具有領袖氣質的人所操縱。

原因就在他們**缺乏思考能力**。

勒龐表示，領袖人物抓住群眾的這個特點，使用**斷言、反覆、渲染**這三種手段來操縱人們。

把訊息盡量簡化，然後妄下斷言，反覆宣說。

接下來，只要等待這些訊息在工人飲酒作樂的酒吧間渲染開來即可。

時至現代社會，訊息正透過社群媒體反覆地傳播、渲染。而且，發布訊息的不是深具魅力的領袖人物，是媒體。

勒龐也指出不少媒體的問題。

更進一步說，大型企業、「網紅」這種富影響力的個人，也都在利用訊息操縱群眾。

伊利亞斯・卡內提 (Elias Canetti，1905-1994 年)

就這樣，人們聚集在社群媒體上，並且不單是聚集，還能建立關係，這也是社群媒體的特點。結果，又產生了其他問題。

其中一個問題是力求追蹤人數的增加，或是將追蹤人數視為朋友人數。

為什麼要關心這些事情呢？

保加利亞出生的思想家伊利亞斯・卡內提對這個問題提出若干意見，值得參考。

卡內提說：「人有避免與陌生人接觸的本能。」並稱之為「**接觸恐懼**」。

亦即，透過在社群媒體上與大家一起成為群眾來消除恐懼。

因此，那些為了消除接觸恐懼感而成為群眾的人，開始以提升追蹤人數為目標，這麼做可以讓他們減輕恐懼。

事實上，卡內提的群眾論是以戰前德國納粹主義為基礎，但我認為它也適用於現代社群媒體上的追蹤者和朋友。

換句話說，想增加追蹤人數，是出於人類的本能。

只不過，一如卡內提所警告的，其中**存在著群眾遭到權力及大型企業等利用的危險性**。

不，這種情況已經像加布里埃爾所說的那樣，在許多看不見的地方進行了（請參閱第 104 頁）。

因此，加布里埃爾主張，政治、哲學與科學辯論等，應該花更多時間以書面或面對面方式進行，而不是利用社群媒體。

如果凡事都只想用社群媒體解決，將使得辯論徒具形式，最終導致人們欠缺思考能力。

社群媒體為人們提供許多便利，但別忘了它也潛藏著許多風險。

加布里埃爾提議重新建立一種新社群媒體，以解決當前社群媒體存在的各種問題。

這也是一種獨特的想法。如果人人都開始使用這種有倫理道德的社群媒體，那麼會操縱大眾的社群媒體和相關功能，將被逐步淘汰。

因此，我認為每個社群媒體的用戶，**在使用時都應該意識到社群媒體的利弊得失**。

社群媒體只是一種工具和基礎設施，受其利用是本末倒置。

在不得不徹底消滅它以杜絕危險之前，我們必須善加管理它。

我的看法

社群媒體，是現代社會必須善加管理的雙面刃。

你的看法

難易度

★★

《烏合之眾：大眾心理研究》

古斯塔夫‧勒龐

(Psychologie des Foules)

這是一本社會心理學名著。

勒龐觀察到法國大革命時期的市民，會在相同的心理狀態下向特定方向前進，因此稱他們為**「群眾」**。

書中介紹現代政治和宣傳廣告中如何運用群眾心理，例如每個人如何成為群眾、成為群眾後如何採取愚蠢行動，以及群眾如何被具有領袖魅力的支配者所操縱等。

在社群媒體普及的現代社會中，本書再次備受關注。

今天，我們可說是已經進入了太空時代。因為人們不但能夠輕易進入太空，還能在那裡長期停留。

雖然一般人還不能輕鬆享受太空旅行，但這只是時間早晚的問題。

正因為如此，人們才會開始討論太空商業活動以及背後的太空倫理道德等議題。過去，人類的活動範圍僅限於地球，現在已經擴展到太空去了。

但這並不表示太空已經跟地球一樣，成為人類的活動場所。

畢竟，太空仍存在著許多未解之謎。

我們能夠掌控的，只是其中一小部分而已。

這個浩瀚的神祕世界，正是人們對太空感興趣的原因，也可說是太空的本質。

阿那克西曼德
(Anaximandros，B.C.610-B.C.546 年)

宇宙之謎，始終存在。

探索科技上的哲學

　　從古希臘時代開始，哲學家們為了解決這些謎題，思考出許多不同的理論。例如早期，古希臘哲學家阿那克西曼德就已經發展出現代人也認同的宇宙觀。

　　他先從「**萬物本源為何**」這個切入點來理解宇宙的本質。

　　他認為宇宙是**無限**的。

　　無限這種概念，必須否定所有限制才能成立。

　　既然如此，不妨將所有事物視為一個整體來理解。

　　因為宇宙萬物無以數計，即便我們逐一去看每件事物，「這裡有這個」、「那裡有那個」，依然無法完整把握。

　　那麼，不如否定宇宙萬物可以逐一計數的觀念，亦即採取無限的概念，反而能夠想像整個宇宙。

　　唯有理解這種無限的概念，宇宙才能成為一個可以想像的存在。

　　令人驚嘆的是，阿那克西曼德在當時就已進行大量的天體觀測研究，然後基於宇宙即無限的想法，發展出先進的宇宙論，並試圖透過數學比例來解釋宇宙的結構。

　　此後，全世界都在嘗試從哲學而非科學的角度來理解宇宙。

伊藤仁齋 (1627-1705 年)

日本的思想家們也不例外。

例如江戶時代的儒學者伊藤仁齋，就在《語孟字義》的**天道論**中展開了宇宙論。

伊藤仁齋以「四方上下為宇，古往今來為宙」來描繪宇宙，點出宇宙具有**空間無限性和時間永恆性**的特色。

換言之，「**宇**」＝**無限性**、「**宙**」＝**永恆性**。

而且他認為，宇宙沒有起點，也沒有終點。

這種無限概念的宇宙觀，與阿那克西曼德以來的宇宙觀大致相同，但伊藤仁齋觀點的有趣之處在於，他認為如此浩瀚無垠的宇宙，是由一種物質所構成。

即所謂的「**一元氣**」。

一元氣可以看作是構成萬物的某種能量。而這種想法又稱作「**唯氣主義**」。

雖說宇宙是無限且永恆的，但肯定是由某些物質所構成。伊藤仁齋這種將宇宙一元化的論點，與德國哲學家哥特佛萊德·萊布尼茲的宇宙論有著異曲同工之處。

哥特佛萊德・萊布尼茲
(Gottfried Leibniz，1646-1716 年)

哥特佛萊德・萊布尼茲以一種名為「**單子**」（Monad）的物質來解釋世界而聞名。

單子不僅指最小的物理單位，還包括精神層面，是這個世界上一切事物的最小單位。

因此，他認為宇宙也是由單子組成。而這個概念之所以具有哲學意義，在於一個單子內包含了所有事物。

換句話說，**宇宙本身就存在於一個單子之中**。

不，更準確地說，單子就是宇宙本身。

各位不妨想像一下微觀世界、一沙一世界的小宇宙，應會更容易理解。

宇宙不僅擴展至外太空，也在各式各樣的場域，有時也向內延伸。問題不在向量，而在擴張。擴張至無邊無際，這種無限性和未知性正是宇宙的魅力，也是宇宙的本質。

不容否認，人類能頻繁進出並解開謎題的空間似乎不再算是宇宙，而被降級成地球延伸出去的空間了。真正的宇宙在那之外。

就這個意義而言，無論宇宙在哪裡，它都是人類還不了解的地方。

為了促進人類思考，宇宙必須保持神祕性。

我的看法

宇宙，是一個為了促進人類思考而保持神祕的場域。

你的看法

難易度

★★★★★

《單子論》

哥特佛萊德・萊布尼茲

(La Monadologie)

　　這是一本哲學書，萊布尼茲試圖用「**單子**」這個原始構成要素來解釋世界如何形成。

　　單子是一個不會延伸也不具形式的單純實體，又稱為不生不滅之物，而且每一個單子都能反映出一個世界。

　　萊布尼茲用這個概念來論述宇宙的和諧。

　　他認為，單子組成了宇宙，是宇宙的構成要素，因此只要單子彼此配合、互相影響，宇宙就能達到完美境界。

生物科技

為什麼人類想要控制生命呢？

或許是為了逃避老天注定的「向死而生」吧。

畢竟人類會因為身體缺陷或遺傳因素而無法生育，或是因疾病纏身而痛苦不已。

如果能改變這樣的宿命，痛苦必然減輕。

這種想法應該就是生物科技背後的根源了，換句話說，這是對自然界的反抗。

不過，正因如此，倫理道德問題就被提出來了。

路德維希・西普 (Ludwig Siep，1942- 年)

關於這個倫理道德問題，德國倫理學家路德維希・西普早就提出現實的建議。

他以「**善良整體的構想**」為出發點，亦即以符合整體社會利益這種價值觀為前提，靈活地解釋了自然性的概念。

他認為對人類而言的最理想世界，不應該是完全不加人工干預的世界。

　　因此，關於自然性，我們要慎重思考的問題是：要改變到什麼程度。

　　例如，在評估醫療技術時，必須質問目的是否正當？是不是為了讓人們的消化過程更輕鬆？是不是為了去除造成痛苦的障礙？只有這樣，才能確定出可容許的改變程度。

　　不過西普也指出，越是脫離自然過程，越容易產生無法預見的風險。

　　換句話說，**對人類生命進行更根本性的干涉，會使未來風險變得更加無法預測。**

　　目前在社會上引起熱烈爭議的就是**基因編輯**（Genome Editing）問題。

　　二〇一八年十一月有報導指出，中國研究人員透過基因編輯，阻斷了可能感染 HIV 的基因，並讓一對雙胞胎順利誕生。

　　這件事讓人們更加關注基因編輯的倫理道德問題。

　　基本上，多數意見都是以人類尊嚴為由，譴責對基因進行干預的行為。

貝蒂娜・舍內－塞弗特
(Bettina Schöne-Seifert，1956- 年)

然而，也有人持不同觀點，質疑是否在任何情況下都應盲目地否定基因編輯。

例如德國醫學倫理學家貝蒂娜・舍內－塞弗特便表示，至少應該同意對導致疾病的突變進行修復。

她強調，人們在做選擇時，有權利拒絕承受不當的壓力。這種觀點是出於「**倫理多元主義**」（Ethical Pluralism）的立場。

換句話說，如果與治病無關，純粹為了提升身體的能力而進行基因編輯，則是不被接受的。

尼克・伯斯特隆姆
(Nick Bostrom，1973- 年)

然而問題是，近年也出現了肯定為提高身體能力而進行基因編輯的論點。

這種立場的論點稱為「**超人類主義**」（Transhumanism），又譯為「超人文主義」或「超人主義」。

這是由瑞典哲學家尼克・伯斯特隆姆提出的思想。

伯斯特隆姆本人創立了世界超人類主義者協會，積極推動這個想法。

他的基本觀點是，拜科學和醫療進步所賜，每個人都可以公平地進化，這是一件好事。

確實，沒有人會批評為了更健康而進行的醫療行為吧。根據伯斯特隆姆的說法，這算是一種身體進化的延伸。

因此，伯斯特隆姆主張實現超人類主義必須具備以下三個基本條件：

第一是確保全球安全。

必須避免危及原本就存在於地球上的智慧生命，特別是人類。

第二是促進科學進步。

而且科學進步必須與經濟增長維持緊密相關。

第三是保證廣泛的普及性。

就超人類主義而言，讓每個人都能成為新人類、後人類（Post-human）是非常重要的。

換句話說，不分國籍與經濟狀況，每個人都有改善自己身體能力的機會。

只有當這三個基本條件齊備時，超人類主義者所提出的價值觀才能受到世人的認同。

然而，問題在於西普曾表達過的擔憂：當人工開始介入到基因，

恐怕無法準確預測將來會發生什麼事。

　此外，在現有的醫療情況下，接受高階治療需要花費大量金錢，根本不能保證廣泛的普及性。更何況，地球上是否每個人都能公平享受身體能力提升的好處，仍是一個疑問；如果無法保障這一點，反而會損害無法實現者的尊嚴。

　結論是，生物科技可說是維護人類尊嚴下的一場與自然的對抗。或許改變自然，是為了維護人類尊嚴才被容許的必要之惡吧。

我的看法

生物科技，是為了維護人類尊嚴才被容許的必要之惡。

你的看法

難易度

★
★
★

路德維希・西普

《應用倫理學》

(Konkrete Ethik)

　　這是一本西方研究者撰寫的**應用倫理學**經典之作。

　　作者西普是一位倫理學家，很早就開始撰寫有關基因工程的論文，將他對生命倫理、醫療倫理方面的研究發表出來。

　　本書即為這些發表成果。

　　因此，雖然本書看起來像是一本介紹應用倫理學理論的教科書，但作者針對生物科技的倫理道德部分，做了相當深入且根本性的探討，這些論述也適用於當前最尖端的技術，值得參考。

第 4 章

探索災害方面的哲學

大流行病

Pandemic

關於大流行病，始終存在著各種問題與論點；經過這次的新冠疫情，相信大家都更有體會了吧？

其中的老問題可以區分為兩大部分：一是疫情期間採取的緊急應變措施，二是大眾的衛生觀念。

大流行病所涉及的問題不單是感染風險，還包括為防止疫情蔓延而實施的各種限制，如外出限制、移動限制等。

但這麼一來，就會對經濟活動及日常生活造成重大的影響。

基本上，人生而自由，但通常會為了公共利益，亦即為了每個人的利益，而對人們的權利做出最低限度的限制。

然而，在大流行病期間，權利限制勢必逆轉，改採最大限度的措施以防止疫情擴散。

這是無可奈何的事，但問題在於一旦權利被剝奪，往往難以恢復。

喬治·阿甘本
(Giorgio Agamben，1942- 年)

義大利哲學家喬治·阿甘本很早就指出這個問題。

他將「**例外狀態**」（State of Exception）概念套用到這種情況中，並指出強制實施封鎖等措施並非例外，具有成為永久性措施的危險。

「例外狀態」是德國政治學家卡爾·施密特（Carl Schmitt）提出的概念，意指掌權者會在發生例外情況時做出決策，而這正是掌權者存在的最重要意義。

的確，當發生法律無法預見的緊急情況時，只有當權者才能決定如何處理。

問題在於，輕易地認可這種例外狀態，它就會變成一種永久統治的範式[1]。

人們處於危機之中，即使對未來的發展有些擔憂，也會自動放棄自由。

與此同時，我們等於半永久性地失去自由。

話雖如此，在例外滲透之前，人們總會加以反抗。有罰則強制執行還好，如果只是要求配合，人們總會緊緊抓住自由不放。

※ 1 範式：paradigm，在某個時代或領域中，成為支配性規範的觀點和思考方式。

特別是在日本這樣不會強制限制自由的國家，轉型期往往曖昧不清。

這樣一來，遵守規定與不遵守規定的人群就可能發生衝突。為了避免衝突產生，只能善加勸導了。

**凱斯‧桑思坦
（Cass R. Sunstein，1954- 年）**

這時出現一個引起關注的詞彙「**輕推**」（Nudge）。

這個字原本是指用手肘輕觸對方，暗示別人留意。

美國哲學家凱斯‧桑思坦等人將這個名詞引申為思想用語。它同時也是行為經濟學中的一個專有名詞。

直接下達命令容易遭到抵抗，因此**藉由給出輕微的提示，讓人們主動配合**。

例如，在培養公共衛生禮儀和習慣方面，就能善加利用輕推理論。

具體來說，不是呼籲大家戴口罩或消毒雙手，而是創造一個讓人自然而然配合的情境，例如製作時尚的口罩、導入必須消毒雙手才能入場的機制等。

當然，在衛生觀念方面，要日本人遵守容易，要他們放棄才比較困難吧。畢竟日本人天生愛乾淨，對義務戴口罩也不會覺得反感。

探索災害方面的哲學

因此，新冠疫情結束後，要降低衛生觀念的高標準反而困難。

高標的衛生觀念本身是好事，但可能會對人際之間的交流產生負面影響，也可能讓人減少外出用餐而影響經濟發展。

瑪麗・道格拉斯 (Mary Douglas，1921-2007 年)

我們都知道手指和門把有多髒，說話時飛沫會噴多遠，因此會覺得不注重衛生的人很髒。

要解決這個問題，可參考英國思想家瑪麗・道格拉斯提出的「**汙穢**」概念。

道格拉斯說：「**汙穢是指那些不能好好歸入分類系統中的事物。**」

換句話說，無法在社會秩序中找到合適位置的、放錯地方的事物，會被視為汙穢。

有異物入侵，秩序就無法維持，因此我們會排除汙穢來維護社會秩序。

有趣的是，道格拉斯還說：「**骯髒和汙穢是一樣的。**」

我們人類討厭骯髒，只因它太礙眼了。

有灰塵就擦掉，有汙漬就洗掉。

這是我們人類的習性。

不愛衛生的人，會被視為跑錯地方的異類而討人厭。

不過，也並非永遠如此。

因為道格拉斯也說：「**汙穢具有更新秩序的潛力。**」

或許新冠疫情平息後，不注重衛生的人會改變現狀，讓我們降低衛生標準。

因為不論在任何時代，**改變社會的，都是一群勇於採取與眾不同行動的人。**

大流行病正以各種方式急劇地更新歷史。無關好壞，這只是人類和大自然產生衝突時無可避免的變化罷了。

我的看法

大流行病，是人類與大自然之間產生的歷史性急劇更新。

你的看法

難易度

★★★★☆

喬治‧阿甘本

《我們如今在哪裡？》

(A che punto siamo?
L'epidemia come politica)

　　新冠疫情期間，世界各地紛紛採取緊急措施，而這本開創性的書籍，率先對其中的問題敲響了警鐘。

　　現在的我們，已經變成一種**赤裸的生命**，即阿甘本所稱的「牲人」（Homo Sacer，又譯「神聖之人」），而不再是法律權利的對象。

　　他認為「**例外狀態**」這個使用多年的關鍵詞，也適用於這次的新冠疫情中，質疑這些緊急措施是否真的只是例外，疫情結束後是否真能恢復原本樣貌。

地震災害

一七五五年底，歐洲發生了一場大地震——里斯本地震。

當時還是十八世紀，人們相當重視上帝的影響力。

由於傷亡人數相當多，引起了哲學界的爭論。人們討論這次災難是不是上帝所為，如果是的話，為什麼上帝要對人類做出這樣的懲罰？

伏爾泰（Voltaire，1694-1778 年）

法國哲學家伏爾泰從**自然神論**（Deism）的立場，試圖合理解釋上帝的存在，並且**批判樂觀主義**宣揚的「在這個由仁慈上帝監督下的『最佳可能世界』中，所有事件都是最好的安排」主張。

換句話說，他反對「上帝永遠正確無誤」這種當時普遍的信仰。

在《里斯本震災輓詩》這篇文章中，他嘆息道：

那麼，我們應當如何理解慈善的神呢？
神對心愛的子民們慷慨地施予美好，
同時也大量撒下邪惡。

尚－雅克・盧梭
(Jean-Jacques Rousseau，1712-1778 年)

另一位法國哲學家尚－雅克・盧梭則對伏爾泰提出批判，他認為**地震與上帝無關，地震是文明驕傲招致的人禍**。

在啟蒙時代[※1]，這些哲學家的辯論，對現代思想和現代國家建設做出了重大貢獻。

例如，地震學得以發展，具地震災害意識的城市建設及生活方式，也在世界各地普及開來。

然而，地震依然頻仍，持續奪走許多人的生命。

因此，對災民而言，地震是**荒謬的存在**。

就算地震是文明帶來的人禍，但災民是因為相信在那裡生活很安全才會落地生根的，這麼做何罪之有？

※1 啟蒙時代 ： 指十七世紀末至十八世紀，以革新思想為主流的時期。

因此，需要一些精神支持才能超越這種荒謬。

阿爾貝・卡繆
（Albert Camus，1913-1960 年）

　　法國哲學家阿爾貝・卡繆，是第一個全面討論地震災害這種**集體性荒謬**的人。

　　雖然卡繆沒有直接討論地震，但他呼籲人們**團結起來，共同克服集體性荒謬**，包括戰爭和流行病等。

　　例如，他在著作《瘟疫》中，描寫了老實生活的人們，透過團結一心來克服流行病的情景。

　　或者在《反抗者》中，提出守護每個人的身心平安，同時讓每個人**協調一致**的概念。

　　可以說，這些想法都是認為，弱勢者只能透過攜手互助，才能共同克服地震這類荒謬不合理的災難。

麥可・桑德爾
（Michael Sandel，1953- 年）

　　美國政治哲學家麥可・桑德爾更是直接在震災的背景下闡述這種團結的重要性。

探索災害方面的哲學

桑德爾於二○一一年東日本大地震時，讚揚日本人不忘秩序與禮節，在社區中互相支持的表現。

同時，他關注到來自世界各地的援助，指出全球社區意識正在萌芽。

里斯本大地震在當時那個啟蒙時代，催生出合理解釋上帝存在問題的自然神論，並促進了科學的發展；桑德爾拿東日本大地震與之比較，很快拋出問題：東日本大地震將如何改變我們？

他的答案是：**普及全球公民意識。**

的確，後來只要發生大規模震災，世界各國都會超越國界所引起的對立，互相馳援。

我們已經認識到，只要住在地球上，必然會經歷地震。正因為地球（大地）會震動，我們這些在地球上建立文明的人類，必然會受到一定的損害。

當然，我們正在建立足以承受這種震動的文明。

不，應該說，我們正盡最大的努力做我們能做的事。

然而，地球總是超越人類的最大努力。東日本大地震期間，我們經常聽到「出乎意料」「前所未有」等用詞，由此可見一斑。

換句話說，**災難總是出乎意料。**

我們能做的，只有盡全力準備，團結一致，積極前進。

當發生地震並造成災損時，無論如何都要團結一致，全地球人都應互助合作。

正如桑德爾所言，我們必須觀察震災帶來什麼改變，並且**積**

極地重建世界。

　　就這層意義而言，可以說，每一次的地震災難，都在考驗我們的文明與精神。

我的看法

地震災害，是考驗人類文明與精神的試金石。

你的看法

難易度

★

麥可・桑德爾

《麥可・桑德爾的大震災特別講座》

（マイケル・サンデル 大震災特別講義）

東日本大地震發生時，有人問：哲學能夠做些什麼？

第一時間回答這個問題的人，應該是美國政治哲學家桑德爾，他在世界各地就災後的各種問題展開對話。

本書收錄了地震後，桑德爾應電視節目邀請於線上進行的對話，以及他在哈佛大學的演講。

讀者不妨將本書當成**直接傳達震災後民眾感受**的珍貴資料。

氣候變遷

Climate Change

自然災害中的豪雨和乾旱等，可說是氣候變遷造成的。

也就是所謂的全球暖化問題。

從某種意義上來說，氣候變遷是環境問題中最大的關注點。

亨利·舒 (Henry Shue，1940- 年)

哲學界也開始出現各種關於**氣候正義**的討論。

其中一個引發這些討論的契機是，美國政治哲學家亨利·舒在一九九〇年代撰寫的一篇名為〈**必須的排碳量與奢侈的排碳量**〉的文章。

在這篇文章中，舒探討了排放權分配等問題，並如標題所示，區分出開發中國家人民為維持必須生活而進行的排放，以及已開發國家人民為奢侈行為而進行的排放。

做此區分的原因，當然是因為不公平。

基於這個論點，舒主張氣候變遷公約不應涵蓋所有類型的溫室氣體，而應針對二氧化碳（CO_2）等特定氣體。

否則將無法明確區分出生活必需品和奢侈品的差別。

舒最終強調的是，**實現開發中國家和已開發國家之間的公平正義。**

宇佐美誠（1966- 年）

了解舒的見解後，日本法律哲學家宇佐美誠也就如何在全世界分配溫室氣體排放的問題，提出所謂的**基本需求理論。**

基本需求理論主張，所有人都可在基本生活需求獲得滿足的範圍內，擁有排放溫室氣體的權利。

也就是說，人人都有權利排放溫室氣體以滿足基本需求，但不能過量。

值得注意的是，宇佐美誠主張的基本生活需求，不但要滿足個人在任何居住國家中得以健康安全地生活，還須滿足個人在其居住地區得以維持最低限度的社會經濟品味。

若要滿足這樣的生活品質，就必須建立一個全球規模的溫室氣體排放權交易市場。

換句話說，面對地球暖化問題，**無論是開發中國家或已開發國家，所有人都應該負起責任。**

而且，從歷史長河來看，地球環境惡化的責任本來就應該由全體人類負責。

自從大眾認識「**人類世**」一詞後，人類長期侵蝕地球的事實已不容否定。

地層就是最佳證據。

「人類世」（Anthropocene）又稱「人新世」，是一個地質學術語。

指的是已經持續一萬年以上的「全新世」（Holocene）結束後，地球進入的另一個新地質年代。

保羅‧克魯琛
(Paul Crutzen，1933-2021年)

「人類世」概念是由荷蘭大氣化學家保羅‧克魯琛於二〇〇〇年左右提出的。

根據克魯琛的說法，人類對全球環境留下的痕跡已過於巨大，對地球系統運作產生的影響已與大自然的力量相當。

換句話說，這是一個因為人類破壞環境而讓地球開始遭到侵蝕的時代。於是，人們開始討論**環境倫理**的問題。

那麼，究竟我們該如何改變思考方式呢？

探索災害方面的哲學

隆納・L・山德勒 (Ronald L. Sandler，1972- 年)

美國哲學家隆納・L・山德勒主張，基於環境倫理的立場，**人類應該改變對大自然的態度。**

他認為，培養誠實、關愛、寬容、勇氣和節制等基本道德，人們就能採取正確的行動來保護環境。

然後，他進一步呼籲：「**我們還應具備尊重大自然這種特別的環境道德觀念。**」

若能真誠擁有這種公德心，就不會再像從前那樣摧毀地球，各國人民都會更加尊重大自然才對。當然，高雅的生活也很重要，但享受生活的同時，必須對大自然付出同樣的敬意。

仔細想想，我們的高雅生活，都是大自然賜給我們的禮物。如果摧毀大自然這個支撐高雅生活的基礎，我們如何能繼續擁有這種生活呢？

千萬不要短視近利，應好好思考是什麼在支持我們今日的幸福生活。

特別是氣候問題，正因為有正常的氣候，人類才能順利耕作，並在無災無難的環境中安全地生活。

如果農作物因氣候異常而無法生長，導致生靈塗炭、民不聊生，那該怎麼辦？

請記住，氣候變遷問題，掌握著人們能否過上高雅生活的命運。

你的看法

難易度

★
★
★

宇佐美誠

《氣候正義》

（気候正義）

　這是一本罕見的專業用書，內容從政治哲學和法律哲學的觀點出發，將地球暖化問題視為規範理論（Normative Theory）的一環而深入探討。

　雖然這是一本由多位作者撰寫的論文集，但也因此能夠深刻地了解到，氣候變遷問題需要用跨學科的方式來尋求解方。

　而且，從**《氣候正義》**的書名即可窺知，本書主張氣候變遷不是單靠科學就能解決的問題，應該透過人文社會學知識來揭示問題的本質。

核能發電廠事故

Nuclear Power Plant Accident

二○一一年三月十一日襲擊日本列島的東日本大地震，不僅讓我們感受到地震和海嘯的恐怖，也再次向我們展示了核能技術所帶來的恐怖，因為福島第一核電廠發生了重大事故。

在此之前，人們認為若能妥善利用核能，它會是一種創造人類幸福生活的能源。

然而，我們已經明白，一旦發生事故，核電廠帶來的恐怖完全不亞於核彈。

卡爾·雅斯培
(Karl Jaspers，1883-1969年)

核能技術的問題在於，**核能可能給人類帶來滅絕危機**。指出這一點的是德國哲學家卡爾·雅斯培。

雖然他指的不是核電廠而是核彈，但核電廠若發生事故，我們都會遭到核輻射侵害，因此一樣恐怖。

雅斯培以「**極限情境**」（Grenzsituation）概念而聞名。

極限情境是指人類無法避免的絕對極限，例如死亡等。只有意識到這種極限情境，人們才會認真面對死亡。

然後，他將極限情境的概念，擴展到由核彈引起的全人類滅絕議題上。

換句話說，只有當我們把全人類滅絕當成極限情境時，才能認真面對核彈問題。

因此，我們必須將人類滅絕問題，當成所有人都不得不面對的**全面共通性**問題來討論。

全面共通性，可以理解成將別人與自己一視同仁。這裡的別人也包括未來世代。

也就是說，核彈會奪走現在及未來的所有人類的性命，因此不得不全面消滅。

然而，現實又是如何呢？

核彈豈止未曾消滅，甚至有人主張，應該持有它以應對全球的不穩定局勢。核電廠問題也一樣，由於全球的脫碳趨勢，以及戰爭導致能源需求結構改變等原因，一時興起的反核口號已經逐漸勢弱了。

結果就是，已發展出來的核能技術不但不會消失，反而會驅使我們繼續前進。

馬丁・海德格
(Martin Heidegger，1889-1976年)

德國哲學家馬丁・海德格曾經用「**集置**」（Gestell）這個新詞，說明科技如何驅動人類。

「集置」意指席捲人類的技術浪潮，日本人稱之為「**總驅動體制**」。福島第一核電廠事故發生後，這個問題便再次受到關注。

每個人都會以自己的生存和利益為目標去完成各自的工作。

然而，就整體來看，我們可以說，產業這個龐大的科技體，正在利用人類來不斷自我複製，生產壯大。

換句話說，事情的本質並非人類利用科技，而是科技在支配人類，驅動人類進行特定的活動。

人類發明出來的科技，反過來束縛人類，規定人類的生活方式，而我們卻無法避免這種本末倒置。

那麼，人類就只能**與已經發明出來的科技共存**了。如何共存？除了抑制可能導致的危險，也要思考發生危險時的因應對策。

如果已經誕生的科技不會消失，那麼，危險和事故也永遠不會消失。

因此，當務之急是思考危險或事故發生時，如何減少災害及影響。

加藤尚武（1937- 年）

在福島第一核電廠事故之後，日本哲學家加藤尚武主張，我們應以復興倫理之名，建立出一項原則：「**無條件幫助有困難的人。**」

傳統的日本倫理道德十分強調相互性，這是本於所謂的**相互性倫理**，也就是將心比心、推己及人。

但是，加藤尚武表示，從福島第一核電廠事故中，我們看到的是超越義務的**自我犧牲奉獻**。

當時的確有很多人願意冒著生命危險來保護未來世代。

如果發生像福島核災這種會奪走整個地區及居民生活的事故，我們必須完全接納災民的生活，以及他們的人生。

現實情況是，福島居民不得不離開家園，到其他地方避難。當時的我們，是否完全接納了災民呢？

既然已經創造出核能技術，並且持續使用它，我們就必須做好自我犧牲奉獻的準備。

就這個意義來說，核電廠事故，無疑是一場質疑發明科技的人類是否做好覺悟的考驗。

我的看法

核電廠事故，是一場質疑發明科技的人類是否做好覺悟的考驗。

你的看法

難易度

★★★
★

馬丁・海德格

《技術的追問》

(Die Frage nach der Technik)

　　一九五〇年代，歐洲的思想家們紛紛開始討論**科技**問題。

　　第二次世界大戰引發的一些新問題，特別是關於核能發電是否合適等，每個人都覺得有必要從哲學角度深入探討。

　　海德格也是其中之一。

　　本書收錄了他所撰寫關於科技的幾篇文章。

　　這些文章的共同點在於，不是簡單地贊成或反對，而是**以哲學態度去深入探究科技的本質問題**。

意外事故

Accidents

交通事故、崩塌事故、爆炸事故、飛機事故、船舶沉沒事故等，我們身邊充斥著各種意外事故。

究竟為什麼會發生這些意外呢？

一般來說，事故被視為不幸的突發事件，因此似乎是偶然發生的。

但事實並非如此。意外事故與自然災害不同，可說是注定要發生的。

海因里希法則（Heinrich's Law）就是在闡述這種因果關係。

這項法則指出，在大型意外事故發生之前，會有二十九次小型意外事故作為預兆，而在這之前，又會有三百次差點發生危險狀況的小失誤。

雖然有人質疑這些統計數字，但可以確信的是，事故的發生必有前兆。

只要一出現前兆便妥善處理，應能阻止許多意外事故的發生。

而且，不只意外事故，其他情況也一樣。

吉爾・德勒茲 (Gilles Deleuze，1925-1995 年)

所有事物都有原因或前提。

因此，法國哲學家吉爾・德勒茲說：「**一切事物都是事件。**」

所有事情都在某個角落發生，並且持續變化著，他稱這種現象為「**生成轉變**」（Devenir）。

那麼，一切不過是從生成轉變過程中截斷下來的一個事件罷了。

意外事故也是如此。

它並非無緣無故突然發生。

因此，如同我們會說「不幸的事件」、「悲慘的事件」般，有時也會將事故說成**事件**。

所謂「事出必有因」，出現事故時，我們總會去想：「難道不能事先阻止嗎？」遭遇意外事故總是令人心痛。

阿蘭 (Alain，1868-1951 年)

而且，偏偏意外事故就降臨在自己身上時，會特別感到不幸。

發生墜機事故、火車脫軌事故時，總會聽到人們說：「要是搭前一班就好了。」

事故的受害者和家屬，都會陷入這種痛苦的懊悔中。

法國哲學家阿蘭在他的著作《論幸福》中寫道，**事故讓人痛苦，是因為人們對事故充滿想像。**

例如，在飛機差點墜落時，最大的恐懼是墜落前的劇烈搖晃。

在《論幸福》中，阿蘭以汽車失控撞下山崖為例，寫道：「如果直接跌落山崖而死，那麼恐懼只有一瞬間而已，但如果吊在半空中，那該有多麼恐怖呢？」

所以說，在事故發生之前，人們就已經倍感壓力和焦慮了。

此外，當事人只要沒死，就得持續承受痛苦；即便當事人已死，他身邊的人也會想像他所承受的痛苦和恐懼而陷入苦難中。

換句話說，**意外事故必會帶來苦難。**

**維克多・弗蘭克
（Viktor Frankl，1905-1997 年）**

那麼，如何才能克服這種苦難？

奧地利思想家維克多・弗蘭克提出一個反向觀點，即「**接受苦難**」。

他認為人類注定要遭受苦難，因此稱**人類是「受苦的人」**（Homo Patiens）。

他本人曾被關進納粹集中營，身心經歷過巨大的痛楚與苦難，才有資格發表這樣的言論。

探索災害方面的哲學

不過，弗蘭克表示：「**痛楚和苦難不一樣。**」

「痛楚」是外部單方面強加過來的；而「苦難」始終存在內心，早就和我們自己密不可分了。

換句話說，苦難是我們自己的一部分，甚至可以說，承受苦難是我們將負面情緒存放在內心的一種能力。

相反地，那些無法承受苦難的人，總是動不動就對別人生氣、抱怨，將負面情緒發洩出來。

為了避免如此，**我們必須學會承受苦難。**

而且，既然人類有能力承受苦難，就不該再為苦難而苦，應當善加發揮**受苦的能力**。

意外事故無法完全避免。

因此，痛苦當然不會消失。

那麼，**我們能做的就是承受痛苦，積極地克服痛苦**，而不是動不動就對人發脾氣或抱怨。

這樣轉念後，那些「為什麼只有我……」「我很不幸」的想法，應該會稍微緩解一點。

不僅如此，我們更應該藉此檢視我們的受苦能力。

就這層意義來說，不妨把意外事故當成考驗個人受苦能力的機會。

當然，無災無難肯定更好。但誰又能躲過天外飛來的橫禍呢？

人們常說，困境是一種「試煉」。在日常生活中遭遇意外事故，的確是**人生試煉**。

我的看法

意外事故，是考驗個人受苦能力的機會。

你的看法

難易度 ★★★

維克多・弗蘭克
《受苦的人》
(*Homo patiens: Versuch einer Pathodizee*)

　　說到弗蘭克，最為人所知的作品是《活出意義來》，但那只是一本將納粹集中營裡的真實狀況赤裸裸揭發出來的書。

　　作為一位思想家，弗蘭克的貢獻在於用正向的觀點來看待苦難的意義。

　　因此，可說《受苦的人》才是他哲學思想的代表作。

　　在本書中，弗蘭克摒棄既有任何冠上**主義**之名的思想體系，試圖建立一種全新的立場。

第 5 章

探索人生的哲學

幸福

什麼是幸福？

這也是人們常問的問題，但很難回答吧！

因為每個人對於幸福的感覺都不一樣。

有人說幸福是和家人相處的時光，有人說是健康，還有人說是金錢。

儘管能夠滿足心靈的東西各不相同，但共通點是**獲得滿足的感覺**。

以杯子來說，要喝多少水才能感到滿足？必須喝滿滿一大杯？還是喝半杯就夠了呢？也是因人而異。

只不過，滿足程度也和心態有關。

在現實不會改變的情況下，假設只有半杯水，依然抱持「還有半杯水」的心態，自然能感到幸福快樂。

因此我們會說，這是一種樂觀積極的態度。

阿蘭（Alain，1868-1951年）

法國哲學家阿蘭擁有樂觀的思想，並自稱是個不屈不撓的樂

觀主義者。

他被譽為三大幸福論作者之一，是許多人提到幸福論時會想起的人物。

其他兩位幸福論作者，分別是英國哲學家羅素和瑞士哲學家希爾蒂。

根據這位積極正向的阿蘭的說法，幸福完全是心態問題。

他堅定地說：「**幸福取決於意志。**」

最具代表性的金句是：「**笑容帶來幸福，而非幸福帶來笑容。**」

換句話說，只要有心，就能幸福快樂。

相反地，如果什麼都不做，或者老是情緒低落，注定不會幸福。

不幸是自己造成的，怪不了別人。

那麼，是否越渴望就越能實現幸福呢？其實不然。

幸福在某種程度上的確是與願望成正比。

但不意味著你可以改變現實。你能夠改變的，只有自己的心態。

如果你追求根本無法得到的東西，那麼越是渴望就越難實現幸福。

阿圖爾・叔本華
(Arthur Schopenhauer，1788-1860 年)

更大的問題是，人類的欲望沒有止境。

因此出現了一種相反的幸福論，即不採取積極正向的心態，而是採取消極負面的心態。

這種幸福論的代表人物是德國哲學家阿圖爾・叔本華。

他原本就是一位**悲觀主義者（厭世主義者）**，認為可以透過否定意志來控制欲望。

因此，他的幸福論也變得悲觀起來。

最典型的金句是：「**財富如海水，越喝越渴。**」

雖然這是針對財富的一種比喻，但說明了強烈追求下去將導致欲望無限擴張，永無止盡。

我們不可能獲得一切，結果只會痛苦，放棄才能帶來幸福。

這種思想其實由來已久。

希臘化時代(B.C.334-B.C.30 年)的斯多葛派[1]哲學正是如此，斯多葛已成為禁欲主義的代名詞，他們認為抑制欲望反而可以獲得幸福感。

而佛教等東方思想也有類似的見解。

※ 1 斯多葛派 ： 古希臘哲學家芝諾（ Zeno of Citium ）創立， 一直持續到羅馬時代的一種希臘哲學派別。

探索人生的哲學

亞里斯多德
（Aristoteles，B.C.384-B.C.322 年）

不過，目前為止的幸福論，談的都是暫時性的情感滿足。真正的幸福應該是更持久，不受一時情感影響才對。

這就是古希臘哲學家亞里斯多德所論述的「**Eudaimonia**」。

希臘文「Eudaimonia」通常譯作「幸福」，但它的原意應該更接近**生命意義**。

亞里斯多德表示，「Eudaimonia」才是最完美的，有了它，即便稍微不幸也無妨。我想生命意義就是這種感覺吧！

因此，唯有找到生命意義，才能獲得真正的幸福。

以生命意義為價值的幸福，不會受到小小不幸事件的影響，而且找到生命意義的人，的確看起來非常幸福快樂。

即便一時失意困頓，依然能不可思議地感覺到幸福。

就這個意義來說，幸福絕不是被滿足的，而是一種不受任何事物干擾的狀態。

幸福不受他人或周圍環境所影響。既然不會遭到否定，也不會受到干擾，那麼肯定能感到幸福快樂。

人類心靈的最佳狀態，就是按照自己的想法前進，不受到任何阻礙吧！

生命意義應該就是這樣的一張通行證，讓我們可以邁開大步走自己的路。

我的看法

眞正的幸福，是找到生命意義，不受任何干擾的狀態。

你的看法

難易度

★
★

阿圖爾·叔本華

《人生智慧箴言》

(Aphorismen Zur Lebensweisheit)

在叔本華的隨筆作品中，最著名的就是這本《人生智慧箴言》。

這本書的日文版書名為《關於幸福》，不過這是為了迎合日本市場，原德文版書名的意思是「人生智慧箴言」。

正如原德文版書名，本書由各種人生處世智慧格言所組成。從這些格言中，可以窺見作者根源於厭世主義或悲觀主義的特殊幸福觀點。

「只有放棄，才能讓人真正感到幸福。」這樣的叔本華哲學，已在本書中清楚呈現。

工作

Work

為什麼要工作？

我想每個人都曾抱持過這樣的疑問。

當然，目的是為了生存。但也有人不僅僅是為生存而工作。

即使是為了生存，他們也會做些超出負荷、沒必要的事，那又是所為何來？

肯定是因為還有生存之外更重要的目的。

也許是希望得到別人的認可吧！

格奧爾格·威廉·弗里德里希·黑格爾
(G. W. F. Hegel，1770-1831年)

近代德國哲學家黑格爾曾說：「**人類是為了尊嚴而工作。**」

他認為，市民社會才是人類生存的場所，也是工作的場所。

人人履行自己的角色，互助支持，才是市民社會的本質。

黑格爾稱這種本質為**真誠**。

在市場上真誠地交易，在工作中真誠地付出，我們就能成為**有價值的人**。

一個有價值的人，代表他獲得周圍的肯定。換句話說，周圍

對我們的肯定讓我們感到驕傲,給我們活下去的勇氣。

因此,可以毫不誇張地說:「工作是為了贏得尊嚴。」

艾力・賀佛爾 (Eric Hoffer,1902-1983 年)

不過,並非所有人都以獲得社會肯定為首要目標。

相反地,有些人更注重**自我認同**。

美國哲學家艾力・賀佛爾便是一個十分看重「愛自己」的人。

賀佛爾可說是一位**工人哲學家**,但他不是盲目地做工。

他也不是以哲學家的身分工作,而是在做其他工作的同時探索哲學。

賀佛爾很特別,他一直擔任碼頭工人,並且是一位知名的哲學家。

他曾經為生計而辛勤勞動,但因成名而受邀擔任大學教授時,卻選擇繼續當碼頭工人,因為這樣可以自由地選擇工作量和工作時間。

換言之,他最看重的是**自由**。

賀佛爾追求的理想狀態是:「在自由、閒暇、運動和收入之間,取得平衡。」

能夠自由工作、擁有自由時間,進行適度的運動,同時也能獲得最低限度的收入以維持生活。這種工作方式恐怕別的地方

再也找不到了。

他能利用自由時間讀書、寫哲學書。

有別於看重尊嚴與**社會**認同的黑格爾，賀佛爾更加關注的是自由和**愛自己**。

然而，人們在工作中還需要另一種視角。

漢娜・鄂蘭
(Hannah Arendt，1906-1975 年)

提出這個問題的是來自德國的猶太裔哲學家漢娜・鄂蘭。

鄂蘭被譽為**現代公共哲學之母**，她在名作《人的條件》中，將**人類的活動**分為三類：

- ・勞動（labor）
- ・工作（work）
- ・行動（action）

勞動指生活必須做的事情，例如家事。

工作則比勞動更有創造性，以鄂蘭的情況而言就是指寫書，也就是我們一般歸為職業、職務的那些事。

相對於勞動和工作，行動指的是與陌生人交流並一起參與活動，例如社區活動或政治活動等。

　　鄂蘭認為這三項組成了**人類的活動**，也就是廣義上的**工作**。

　　的確，我們在日常生活中，既要做家事這種勞動，還要工作，也會參加社區活動等，我們一直都在從事這三種人類的活動。

　　鄂蘭還指出比例問題。

　　恐怕行動占的比例相當低吧。

　　我們總是忙於勞動和工作，忽略了行動。

　　我們可以看到，不論是在社區活動或各種義工活動上，參與的絕大部分都是較無家事和工作負擔的年長者。

　　鄂蘭認為這對個人乃至社會都是不利的。

　　對個人而言，將會失去認識各種人的機會、思考的機會；而由這種人組成的社會，當然非常危險。

　　正因為鄂蘭經歷過納粹極權主義的迫害，才能建立這種獨特的視角。

　　將行動的意義考慮進去後，再重新思考本篇開頭「為什麼要工作？」這個問題時，也許答案就會是──為了培養健康的個人與健全的社會。

我的看法

工作，是為了培養健康的個人與健全的社會。

你的看法

難易度

★★★★★

《法哲學原理》

格奧爾格‧威廉‧弗里德里希‧黑格爾

(Grundlinien der Philosophie des Rechts)

本書是黑格爾對個人及社會的總體設計理念。

從個人權利開始,逐漸擴展到家庭、市民社會和國家。

此外,不單單是擴張,還深入探究在這些領域中所需的個人角色和自由意義。

尤其黑格爾的市民社會理論具有開創性,首次提到人類需要被社會認同,並成為社會的一員。

而**工作**正是實現這一目標的契機。

透過工作,我們才能真正成為獨立自主的人。

家人

Family

家人，或說家庭，有著各種不同的形態。

特別是在現代社會，這種趨勢更加明顯。

無論如何，它都與「家」息息相關，才會是一家人。

換句話說，家人通常以同住在一個家裡為原則，即使物理上分開了，依然有個共同的場所可供碰面，短暫碰面也無妨。

只要看看住在同一個家裡的夫妻和孩子，即典型的**家人**，即可明白。

他們住在同一個屋簷下，每天見面，而且在家裡互相關心、彼此照應。

和辻哲郎（1889-1960 年）

日本哲學家和辻哲郎將家描述成一個**封閉的空間**。

單就這句話來看，家似乎是個令人喘不過氣的地方，但當然不只如此。

否則，誰會想成為家人，或是住在同一間房子呢？正因為家具有封閉性，才能讓我們放鬆地休息。

不過，家的本質，依然是「**封閉性**」一詞所象徵的封閉空間吧。

因此，和辻哲郎才會主張，家庭中的一員是整體的一部分，就像身體中的每個器官，都被賦予各自獨特的角色一樣。

那麼，角色的目的是什麼？

應該是為了讓大家可以一起生存下去。沒錯，家庭的目的就是生存下去。和辻哲郎稱之為「**圍繞爐灶的生活**」。

重點就在全家人於同一個屋簷下過著圍繞爐灶的生活，一起吃飯，一起進行生命的繁衍。

人類必須吃東西才能活下去，因此每個家庭成員都有自己分工負責的事情。

現代社會中的小孩只需要幫忙做些力所能及的事，但他們也在為將來的分工做準備。

格奧爾格・威廉・弗里德里希・黑格爾 (G. W. F. Hegel，1770-1831 年)

近代德國哲學家黑格爾就曾主張，家庭的意義在於為將來的分工做準備。

他將家庭定位為**愛的共同體**。

換句話說，他將家庭視為發展成市民社會和國家的一種共同體，而且與其他形態的共同體不同，家庭中充滿了愛。

市民社會重視誠信，國家重視愛國心，相對之下，**家庭是一種重視親密關係的共同體**。

問題在於，什麼是對家人的愛？

這裡主要是指**對小孩的愛**。

一般認為，家庭的目的在「愛護小孩，培養小孩將來成為市民社會中優秀的一份子」。

要實現這個目標，不能只是提供食物讓小孩長大，還要透過教育來促進他們智力和心靈上的成長。

然而，一旦用錯教育方法，家庭功能便無法好好發揮。

結果，當然無法將小孩培養成優秀的市民社會成員。幾乎所有家庭，不都有著例如教育失敗等相關的問題嗎？

馬庫斯・加布里埃爾
(Markus Gabriel，1980- 年)

根據現代德國哲學家馬庫斯・加布里埃爾的說法，這是因為**人們誤以為家庭成員的本質都一樣**。

人們往往以為住在同一個房子裡，況且又有血緣關係，彼此一定擁有相同的價值觀。

但事實上，每個人都是獨立的「他者」。

因此需要與他者共存。

加布里埃爾將家庭本質表述為：**基於親密關係的自由結合**。

家庭與外部社會不同，彼此之間有著親密關係，但**每個人都應該保持自由**。

例如試圖控制孩子的「毒親」問題。

對此，加布里埃爾譴責這類父母為了永生不死而綁架子女。

意思是說，父母以為自己可以長生不老，即便孩子長大開始學習獨立，依然持續干涉孩子。這種做法，顯然會對正在學習成為獨立個體的孩子造成不良影響。

豈止如此，這根本是讓孩子活在扭曲的教育方式中。

因此，加布里埃爾說：「**父母應該意識到自己終將死去，放棄想掌控子女人生的執念。**」又進一步說：「應該將子女視為從無來到人間的異鄉人，這才是為人父母應有的倫理。」

而父母的倫理，就是以中立客觀的態度，培養孩子成為一個真正獨立的人。

父母的倫理，應該是所有家庭成員都需要具備的吧。

正如前面所述，現在的家庭形態已經多樣化，但不管家庭成員如何變化，彼此都是基於親密關係而共存的他者，這點並未改變。

我的看法

家人，是基於親密關係而共存的他者。

你的看法

難易度

★★★

和辻哲郎

《倫理學》

（倫理学）

　　和辻哲郎被譽為**日本倫理學之父**。

　　可以說，他的主要著作就是這部《倫理學》。

　　書中主要探討和詮釋「**關係**」（**間柄**）**的概念**，即從與他人的各種關係中來看待每一個人。

　　他主張，每個單獨存在的個人，其實都是共同存在的一部分。

　　這是因為和辻哲郎成長於日本農村這種特殊的社會，而且持續詳加觀察日本文化，才會有這種哲思與體悟。

死亡

Death

人類所面臨的最大問題，莫過於**死亡**。

這是一種平等地降臨在每個人身上的不幸。

誰都不想死去，卻無法避免。

因此，從古至今的哲學家們都對死亡進行了深刻的思考。

馬丁・海德格
(Martin Heidegger，1889-1976 年)

這方面最知名的應屬有**死亡哲學家**之稱的德國哲學家馬丁・海德格。

他認為死亡未必不好。

相反地，他主張：「**接受人類注定會死的宿命，這樣才能努力活著。**」

我們往往認為反正還有明天而虛度光陰。

事實上，這種明天是有盡頭的。我們的人生終會畫上休止符。只有意識到這一點，才能真正活出自己本來的生命。這樣的覺悟稱為「**先驅覺悟**」。

或許理解成提前做好死亡準備而勇敢地活下去，會更容易一

些吧。畢竟橫豎是一死的話，死亡對我們的意義就是**如何好好地活著**了。如果能這麼想，面對死亡的恐懼應該會少一點。

西田幾多郎（1870-1945 年）

那麼，又該如何看待他人之死？

特別是家人等親近之人的死，我們該如何接受呢？某種意義上，心愛的人死去，會比自己死去更加難以承受。

當孩子陷入生死交關的危險時，許多父母都希望能代替他們承擔這份痛苦。

日本哲學家西田幾多郎正是有過這樣傷心經驗的人——痛失年幼的愛女。

在絕望中，他思考著死亡的意義。

起初，他腦中揮之不去的盡是無法為女兒再多做什麼的**懊悔念頭**。但這種想法只會徒增悲傷。

他意識到懊悔的源頭，是過分相信自己。其實自己根本無能為力，卻仍認為應該做得到而後悔不已。

因此，他主張**應該要接受現實**。

西田幾多郎以提出**「純粹經驗」的概念**而聞名。

純粹經驗指的是尚未經驗之前的「**主客未分**」^{※1}狀態。

也就是接受現實的那一瞬間。

他認為，以這種心境去面對死亡，才是正確之道。

如果能夠這樣，至少不會後悔。

我們原本就該直面死者，而非拒絕接受。

因此西田幾多郎主張，不應拒絕心愛的人已死的事實，而是接受現實並追憶逝者。這才是慰藉傷痛之道。

或許這些事實很難接受，但追憶逝者可以表達出對他們及自己內心深處的真摯情感。

關於無可避免的現象 —— 死亡，以及當它降臨在自己或親人身上時，該如何面對等問題，我們介紹了海德格和西田幾多郎的思想。

最後，讓我們思考一下**死亡這個現象是怎麼一回事**。

當然，目前在這個世界上的人，還沒有誰經歷過真正的死亡，因此我們不可能知道真相。

但我們還是可以探討**如何看待死亡**。

※1 主客未分 ： 認識世界的「主觀」與被主觀認識的「客觀」呈現未分離的狀態。

探索人生的哲學

手塚治蟲 (1928-1989 年)

當中最具參考價值的，恐怕是佛教始祖**佛陀的開示**。

關於佛陀如何開示這一點，可說眾說紛紜，在這裡，我們以日本漫畫家手塚治蟲所描繪的《佛陀》為本，探討其中提到的死亡意義。

也可以說是探討手塚治蟲的**生死觀**。

在手塚治蟲描繪的《佛陀》中，年輕的佛陀做了一場奇妙的夢：從宇宙這個大生命體中，不斷誕生出無數的生命碎片。正是由於經歷了這場夢境，佛陀後來開悟證道：「生與死都是遵循著宇宙的生滅法則。」並且開示：「人死後會進入自然精氣之中。」

手塚治蟲認為，自然精氣分裂成肉眼看不見的微小粒子後擴散到空氣中，彼此相混後變成生命碎片，誕生出新生命。

換句話說，**死亡並非就此結束**。

死亡不過是生命從肉體軀殼中抽離出來。只是瞬間脫殼罷了。

這就是所謂的死亡。

無論自己的死亡或他人的死亡，我們都無法控制。

我們能做的，就是像哲學家那樣思考死亡。

為此，我們只能每天直面死亡。這是宿命。

也許人類不是向死而生，而是**與死共存**。

我的看法

死，是我們無法控制，只能日日思考的宿命。

你的看法

西田幾多郎《善的研究》

（善の研究）

難易度 ★★★★★

西田幾多郎是日本歷史上最著名且最重要的哲學家。

他被譽為**京都學派的創始人**，而這部《善的研究》正是他的代表作品。

這是一種巧妙融合西方哲學與日本禪宗思想的**日本獨特哲學**。

「純粹經驗」意指沒有任何先入為主的觀念或經驗干擾的「主客未分」意識狀態，可說是日本哲學中至關重要的核心思想。

或許，要克服死亡這種終極事件，除了超越經驗也別無他法了吧。

宗教

Religion

為什麼人會相信宗教呢？

也許是想依靠一股強大的力量，或是渴望體驗與日常不同的感受，或是希望得到幸福。當然，原因不會只有一個。

無論如何，可以確定的是，人們都在尋求某種特別的東西。而這正是人性所在。

米爾恰・伊利亞德
(Mircea Eliade，1907-1986 年)

米爾恰・伊利亞德是一位來自羅馬尼亞的思想家，他用「**宗教人**」（Homo Religiosus）一詞來描述人類。

人類是宗教生物。

也就是說，人類是一種追求**神聖事物**的存在。

神聖事物指的是特殊的時刻、特殊的體驗。

相反地，日常生活不過是單調且無意義的時空罷了。

「聖」的反義詞是「俗」。

單調且無意義的日常生活俗不可耐，因此人們會去追求神聖

事物。伊利亞德表示，這種神聖事物會以「**聖顯**」（**hieropha-ny**）[1]的形式出現。

除了寺廟、大教堂等具體事物外，還包括儀式，如啟蒙禮、慶典祭祀等抽象事物。

按照伊利亞德的說法，這樣的神聖事物就是平凡人在日常中追求的不平凡。

因此，幾乎所有國家都有宗教信仰，即使沒有明確的宗教形式，也會有類似日本人對神靈的感覺，那也算是一種宗教信仰的表現。

問題在於，**自己的宗教觀點往往與他人相衝突**。歷史上的宗教戰爭，以及當代基督教和伊斯蘭教之間的對立，就是明證。

為了避免宗教上的對立，我們必須互相承認彼此的存在。

這就是所謂的**寬容精神**。

約翰・洛克
(John Locke，1632-1704 年)

最早對這一點進行全面討論的是十七世紀的英國哲學家約翰・洛克。

※1 聖顯：神聖事物的明顯示現。

通常，寬容指的是心胸開闊、接受他人言行的態度。

寬容的相反，應該是壓制別人的意見。

洛克的寬容論，可以說是為了對抗某些強加於人的意見而進行的辯論。

在近代西方社會中，許多國家政府與天主教聯手，強制灌輸特定的教義給人民。這種做法最終成為宗教戰爭與宗教改革的導火線。

洛克的寬容論是在討論信仰自由時提出來的。

他在《論寬容》一書中提到，寬容有以下三個原則：

· **基督徒沒有迫害他人權利的權利。**
· **人們無法擁有判斷宗教觀點正確與否的正確知識。**
· **不能使用暴力強制他人做任何事情。**

這三個原則不僅適用於基督教以外的宗教衝突，也適用於任何信教與不信教者之間產生衝突的時候。

然而，即便做到不互相排斥和強制，依然會有利益衝突產生。

那麼該如何調整呢？

探索人生的哲學

于爾根・哈伯瑪斯
(Jürgen Habermas，1929- 年)

在現代社會中，宗教信仰的實踐有時會與世俗生活規則發生衝突。

例如伊斯蘭教，當女性佩戴頭巾（如希賈布或布卡）是信仰的一部分時，如果世俗生活規則要求摘下頭巾，那麼應該如何調整呢？

對此，德國哲學家于爾根・哈伯瑪斯認為：「**宗教公民和世俗公民必須一點一點相互妥協。**」

首先，應要求宗教公民做到以下三點：

・**以符合理性的方式對待呈競爭關係的宗教。**
・**與日常知識相關的決策交由科學處理，並建立制度。**
・**讓道德規範所確立的平等主義的前提，即人權，與宗教信條兼容並蓄。**

換句話說，先理性了解其他宗教，然後以科學為準則，並且考慮人權。

重要的是，這些要求僅限公共領域，絕不干涉私人生活。

因此，也要求世俗公民做同樣的妥協。

除非帶有危險性，否則我認為應該對規則的適用範圍更加寬容，例如戴頭巾，只要沒有危險就應該允許穿戴。

為了尊重彼此的宗教信仰和價值觀，讓雙方能夠和睦相處，**我們本來就不應該向對方提出要求。**

　　非但如此，我們必須主動考慮對方的感受，避免做出令他人不悅的事情。

　　如果連這一點都做不到，那就只有放棄共同居住的想法了。

　　但問題是：神是否希望這種狀況發生呢？

　　無論哪一種宗教信仰，本質上都是促進人類和平共存。因此宗教和哲學一樣，在面臨問題時，必須回到根本重新思考。

我的看法

宗教，是促進人類共存的一種信仰。

你的看法

難易度

★
★

約翰‧洛克

《論寬容》

(A Letter Concerning Toleration)

　　洛克提倡的**寬容**，指的是基督教社會對其他宗派或宗教的寬容態度。

　　這是為了譴責十七世紀歐洲統治者對其他宗派、宗教的種種鎮壓及迫害。

　　本書不僅是一部探討政教分離的里程碑之作，同時也可説是第一本探討寬容概念的哲學書籍。

　　此外，在宗教意義方面，洛克強調靈魂救贖才是宗教的目的，這點也十分重要。

第 6 章

探索抽象概念的哲學

自由

Freedom

問及「自由」的意義，通常得到的回答是：「可以隨心所欲做自己喜歡的事情。」

原本自由的意思就是不受他人干涉，因此產生這樣的回答並不奇怪。

約翰‧斯圖亞特‧彌爾
(John Stuart Mill，1806-1873 年)

十九世紀英國哲學家約翰‧斯圖亞特‧彌爾提出的「**傷害原則**」（Harm Principle），就是這種不受他人干預的自由典型。

傷害原則的意思是，只要不對他人造成傷害，人們可以做任何想做的事情。

這種思想屬於**古典自由主義**（Classical Liberalism），長期以來獲得廣泛認同。

然而，隨著時代變化，「**自由主義**」一詞的含義也跟著改變。

現代的自由主義，已經變成「為了實現自由而積極介入的態度」。

當社會變得越來越先進且複雜，個人就需要社會支持才能做

喜歡的事情。特別是貧富差距懸殊時，更需要支援處境弱勢者。

因此，自由主義漸漸地轉向社會福利意識。

尚－保羅・沙特 (Jean-Paul Sartre，1905-1980 年)

但是，自由意指可以按照自己的意願行事，這點並無任何改變。

當社會上的限制越來越多時，人們就更加重視自由。

二十世紀中期，現代法國哲學家尚－保羅・沙特重新宣布了人類自由的意義。

他的「**人被判處自由之刑**」一說，引起世人熱議。雖然這只是比喻，但自由讓人苦惱卻是不爭的事實。

沙特的哲學稱為**存在主義**，認為我們可以憑自己的力量開拓人生道路。

沙特將物品和人進行比較，認為人的情況是「存在先於本質」，進而倡言：「**人可以創造自己的本質。**」

確實，物品不會成長或改變，而人可以透過意志力去改變。

然而，這樣一來就會面對如何選擇的困境。

沙特稱此困境為「**自由之刑**」。

但不能因此就說沙特否定自由。

相反地，他提出「**參與**」（Engagement）的概念，試圖堅持並

維護真正的自由。

「參與」意指積極融入社會的態度，以及相應的實踐行為。

例如領導示威活動以爭取殖民地獨立等等，在面對無法逾越的高牆時，仍能勇往直前、奮鬥不息的態度。

沙特一生都保持著這種態度。

伊曼努爾・康德 (Immanuel Kant，1724-1804 年)

即使知道事情無法改變，但人類的特權就在於能夠按照自己的意志去思考和行動。

近代德國哲學家伊曼努爾・康德提出的自由概念，也凸顯了人類的這種特權。

他說：「**自律即自由。**」

換言之，與其他動物不同，人類具備自我約束的能力，而受欲望驅使的動物無此自律能力，因此不得不被限制自由。

人類不一樣。

人類能夠自由克制欲望而採取不同的行動。因此，自律即自由。

聽起來似乎有點矛盾，但從能夠在欲望和本能的驅使下，按照個人喜好行事的角度來看，這仍然可以稱為自由。

畢竟，**自由指的就是可以依照自己的意志行動。**

探索抽象概念的哲學

　　無論結果如何，個人始終擁有決策權，這恰恰是作為一個人的最大樂趣。這是意志的自由，也是思考的自由。

　　從人類誕生以來，自由一直受到威脅。

　　大自然限制了人類，神支配著人類，現在 AI 等科技正在控制著人類。即便如此，人們仍然保持著意志自由和思考自由。

　　因為那正是人的本質。

　　哲學界存在一種稱為「**決定論**」（Determinism）的觀點：所有事情都已在世界形成時決定好了。亦即命運注定一切。

　　另外也有否定並試圖反抗決定論的觀點，這類立場相當重視自由意志。

　　想知道哪一個才是正確答案，與證明上帝是否存在同樣困難，目前似乎還沒有普遍的共識。

　　唯一可以說的是，儘管如此，自由仍舊存在。

　　即使某個人失去了自由，或者其實一切都是天注定，自由的概念始終能夠穿越各種限制而存在於某處。這正是自由概念的本質，也是人們及全世界追求的理想境界。

　　自由雖會消逝，但自由概念永存不滅。

　　意即，由別人限定的自由雖會死亡，但自由的概念將長存人心。

我的看法

自由，始終能夠穿越各種限制而存在。

你的看法

難易度

★
★
★

約翰‧斯圖亞特‧彌爾

《論自由》

(On Liberty)

彌爾被譽為古典自由主義之父。

他的自由主義以**傷害原則**為象徵,只要不對他人造成傷害,人們可以做任何事情。

當時,彌爾十分擔心多數者的暴政。

多數者的暴政會阻礙人們形成各自的個性,使所有個性趨於一致化。

因此,保護個性成為自由主義最大的課題。

像這樣從自由與社會的關係來探討自由,正是本書的意義所在。

愛

Love

什麼是愛？

這是哲學上的大哉問。

不，這也是我們人類最大的課題之一。

自從哲學這門學問誕生以來，始終不斷探討著愛的課題。

柏拉圖（Platon，B.C.427-B.C.347 年左右）

古希臘哲學家柏拉圖稱愛的本質為「**愛欲**」（Eros）。

愛欲是一種追求理想的能量。

對柏拉圖來說，理想就是事物本來的形式——理型（Form），不存在這個世界上，而是存在於理型世界中。

因此，我們無法得到它。

我們所能做的，只有追求理想。

而本質為愛欲的愛，之所以會像典型的戀愛那般單方面不斷地追求，就是因為永遠追求不到理想。

探索抽象概念的哲學

亞里斯多德 (Aristoteles，B.C.384-B.C.322 年)

對於愛欲，柏拉圖的弟子亞里斯多德則講述了「**友愛**」的重要性。

他所說的友愛是指像友誼一樣有同伴之間相互關心和思念的愛。換句話說，是把自己和對方都一視同仁的愛。

這是與先前提到的「愛欲」的不同之處。

當然，另外還有一種如基督教的「**聖愛**」般，把對方看得比自己更重要的一種無私之愛。

勒內・笛卡兒 (René Descartes，1596-1650 年)

與柏拉圖和亞里斯多德的愛情分類不同，法國哲學家勒內・笛卡兒根據對於對方的評價，將愛情分為三種。

他在著作《論靈魂的激情》中寫道：

當我們對所愛對象的評價低於自己時，那就是單純的依戀。當我們對所愛對象的評價與自己相等時，那就稱為友愛。而當我們對所愛對象的評價高於自己時，這種情感便可稱為奉獻。

根據笛卡兒的說法，當把自己看得比對方重要時，這種愛就跟對物品的依戀一樣；並且舉例他正在依戀的對象是花草和動物。

如果我們以平等方式看待別人和自己，那麼這種愛就和亞里斯多德所說的「友愛」無異。

如果把對方看得比自己重要，並願意為他捨棄自己時，這種愛就很接近基督教的無私之愛──「聖愛」了。

必須注意的是，在這種情況下，對象不僅限於人類，還包括神、君主和城市等。

確實，人們可以為了某人、神、國家而拋棄生死。姑且不論好壞，我們必須認識到人類的愛有這個面向。

最後，毫無疑問地，**不管對象為何，愛都是一種對事物所展現的能量**。笛卡兒論述愛的著作，就是前面提到過的《論靈魂的激情》，這裡的激情，英語為「passion」，指的就是對事物所展現的能量。

埃里希・弗羅姆
(Erich Fromm，1900-1980 年)

德國思想家埃里希・弗羅姆在他的著作《愛的藝術》中寫道：**「愛是積極投入。」**

他教導那些無法愛人的人要積極去做各種事情。

這就是他所說的「愛的技巧」的核心。

愛人需要技巧。 不是隨隨便便地墜入愛河。

這種愛人的技巧，並不像戀愛遊戲中使用的技巧那樣表面化。

它更像是一種心態──例如克服自戀、相信自己和別人、勇於積極行動等等。

克服自戀不表示要否定自我欣賞，而是要保持客觀性。因為不客觀就會流於任性。

相信自己和別人，意指相信自己那份愛的感覺，以及相信來自別人的愛。如果心生懷疑就無法真正去愛，因此愛需要勇氣。

那麼，積極行動又是什麼呢？

積極行動像是一股活力。

愛需要活力。

能夠愛得強烈的人，肯定對所有事情都能充滿熱情並努力奮鬥。仔細想想，人類的行動都是由意志和感覺產生的。如果沒有它們，我們就會變得無比消極。

弗羅姆的論述讓我們意識到，愛不僅指浪漫之愛或對他人的關心，也包括對各種事物的熱情投入。

因此，沒有愛的人生實在令人難以想像。因為沒有愛的人生，等同於缺乏熱情的人生。

愛是人類生存所需的能量，沒有愛就沒辦法活下去。生活在現代成熟社會的日本人顯得死氣沉沉，應和對愛消極的態度有關吧。

我的看法

愛，是人生中的熱情。

你的看法

難易度

★

埃里希‧弗羅姆

《愛的藝術》

(The Art of Loving)

弗羅姆主張:「愛是一門技術。」

我們都只希望被愛,卻不願主動去愛人。

根據弗羅姆的説法,愛是一種主動行為,而非被動情感。

因此他認為:「**重要的是自己跨出第一步。**」

為了做到這點,在任何事情上都需要積極主動,而不僅僅是在愛情方面。

意思是,人類的感受、情感,都來自相同的源頭。

當你學會去關心、去愛別人時,也就能夠得到別人對你的關心和愛。

6-3

惡

Evil

我們遇到問題時，總習慣去找戰犯。

為什麼會這樣呢？

因為如果知道是誰犯的錯，自己就能安心了。怪罪別人似乎能解決所有問題。

但這裡存在著兩種錯誤的想法。

第一種錯誤是，**僅僅歸咎於某個人並不能解決問題**。

雖然還是得視情況而定，但大部分的狀況是你不解決事情，就不算真正解決了問題。

第二種錯誤更為嚴重。

那就是**「惡」的定義模糊不清**。

如果惡的定義不明確，就無法確定什麼是錯誤的，自然無法認定是誰犯的錯。

是否因為我們平時太常使用「惡」這個字，以致錯失機會去思考惡的意義？

那麼，什麼是惡？各位回答得出來嗎？

恐怕很難吧。

因為連哲學界和倫理學界也無法給出明確的定義。

一般來說，違反人道和法律的行為就是惡，但即使是在同一國家的法律中，每個人還是有不同的解釋，標準並不明確。

因此才會需要審判制度。

大庭健（1946-2018 年）

當然，在哲學界也有相關的討論。

例如日本倫理學家大庭健表示：「所謂惡，不僅僅是某種重要事物被奪走的情況，還必伴隨著對人類存在的損害。」

他稱這種狀況為「**無端苦難**」。

亦即，因為別人的惡劣行徑或態度，被迫遭受到不合理的折磨和苦難。

例如愛人或家人的性命無緣無故被奪走，那肯定是「無端苦難」。

問題是，彼此都被對方殺害時，或者像戰爭一樣全面殺戮時，任何一方都會感到是「無端苦難」。

但在這種情況下，依然會有一方被認定為善，另一方被認定為惡。

弗里德里希・尼采
(Friedrich Nietzsche，1844-1900年)

那麼，何不改變思維方式，認為**惡其實是相對的**呢？

德國哲學家弗里德里希・尼采指出，我們可以透過創造自己的價值空間，顛覆善與惡這兩個對立概念。

究竟什麼是善、什麼是惡，是在某人創造出來的價值空間中決定的。

在近代之前的西方社會，善與惡就是在基督教會創造出來的價值空間中決定的。

被視為邪惡的人，除了懷抱「**無名怨憤**」（類似嫉妒或怨恨等情感）之外，別無他法。

尼采認為這樣不合理，主張**善與惡是個人的主觀認定**，呼籲人們創造屬於自己的價值空間。

惡的定義之所以模糊不清，應該是深受這種判定標準的影響所致。

漢娜・鄂蘭
(Hannah Arendt，1906-1975年)

惡的模糊不清還有另一個原因。

即使某人定義出什麼是惡，最終那條界線依然是模糊不清的。

探索抽象概念的哲學

最好能明確畫出一條紅線，並且掛上看板，警告人們越過這條線就是進入邪惡的領域。但根本做不到。

因此，人們總是回過神來，才發現誤入禁區。

來自德國的猶太裔思想家漢娜・鄂蘭指出這種邪惡的模糊性。並提出「**平庸之惡**」（The Banality of Evil）的概念。

鄂蘭旁聽納粹高官阿道夫・艾希曼（Adolf Eichmann）的審判，發現每個人都可能犯下大規模屠殺猶太人的重大惡行。

艾希曼只是一名普通官員而已，他之所以做出如此可惡的暴行，是**因為不加思考**。

他在法庭上反覆爭辯：「我只是聽命行事。」

這表示他不是努力反抗命令卻失敗，而是接到命令就麻木不仁地執行下來。

鄂蘭稱這種狀態為「**思考匱乏**」（Thoughtlessness）。

如果一個人從未省察自己的行為，那麼根本不會意識到自己正在犯下可怕的惡行。艾希曼就是這樣一個人。

因此，鄂蘭才會說：「**邪惡是平庸的。**」

當時犯下惡行的不是只有納粹而已，猶太人也出賣了一些同胞以保護自己。

鄂蘭指出這個事實後，遭到猶太社會的猛烈抨擊。

但她不是在肯定納粹，只是揭示罪惡的平庸性罷了。

並且呼籲世人認識到：「當時應有其他的選項才對。」

有些時候，人的確會迫不得已而為惡。

但人類具有**思考能力**。

不要陷入思考匱乏狀態，只要努力思考，應該就能避免作惡.
才對──鄂蘭可能想表達這個意思吧。

雖然很難，但對於過度繁忙而可能稍一不慎便捲入巨大惡行
中的現代人來說，這則訊息顯得格外重要。

我的看法

惡，是不多加思考就容易誤闖的灰色地帶。

你的看法

難易度

★★

《平凡的邪惡：艾希曼耶路撒冷大審紀實》

漢娜‧鄂蘭

(Eichmann in Jerusalem: A Report on the Banality of Evil)

鄂蘭被譽為現代公共哲學之母。

這是她旁聽納粹黨高官艾希曼的戰爭罪審判而撰寫的著作。

書中指出，被視為犯下重大罪行的艾希曼，其實只是一名普通政府官僚、一個平凡人罷了。引發廣泛討論。

她認為邪惡是「**思想匱乏**」造成的，是人人都可能犯下的平庸之惡。

並且主張猶太人這一方也存在著邪惡。

這部探討「邪惡」主題的哲學作品，至今仍深具重要意義。

時間

當被問到最想要哆啦A夢的哪個道具時,很多人都會提到時光機。大概每個人都想回到過去或者前往未來看看吧。

因為這樣做有可能改變自己的人生,甚至成為大富豪。

許多科幻電影也會出現穿越時空的題材,這反映了我們內心深處對時間旅行的渴望。

要實現時間旅行,首先必須弄清楚**什麼是時間**。

然而,這是一個非常困難的問題。

亞里斯多德
(Aristoteles,B.C.384-B.C.322年)

平常我們生活在時間的框架中,因此對於現在幾點、還有多少時間等,都有相當程度的認識。

但是,當被問到「時間是什麼?」時,卻不知如何回答。

這是因為我們所認知並浮上腦海的,**是時鐘顯示的數字,而非真正意義上的時間**。

現在幾點、多少時間等,都是指人類為了生活方便而發明出來的時鐘上的時間。

探索抽象概念的哲學

但是，真正的時間並不像時鐘上的數字那樣看得見，也沒有被刻度分割開來。最初將時間定義為可測量之物的，應該是古希臘哲學家亞里斯多德。

他明確地說道：「**時間是關於之前和之後的運動次數。**」

意思是說，因為事物不斷在運動和變化，所以會產生先後次序之分；而我們可以透過計算這些變化來理解時間。

這麼一來，也就形成過去、現在和未來等時間流逝的觀念。

從那時候起，我們便把時間理解成宛如一條流淌的長河，並與空間一起當成這個世界的衡量工具。簡單說，事物是由時間和空間決定的。

西奧多・薩德
(Theodore Sider，1967- 年)

然而，在哲學界，有些人認為時間不是像河流般流動，而是更像空間。這種觀點稱為**時空理論**。

美國哲學家西奧多・薩德對時空理論做出了以下解釋：

換言之，我們可以採用時間軸和空間軸的方式，將時間和空間在同一張圖表中表示出來。這就是**時空圖**，看起來像是時間和空間都在同一次元裡。

　　這麼一來，不同於過去時間長河的概念，在平面上的兩個事件將有可能彼此影響。

　　即使是當前的事件，也可能會對過去的事件產生影響。

　　這就是所謂的**反向因果關係**（Reverse Causality）。如果它成立了，那麼意味著時光機是可能存在的。

　　當然，要實現這一點，僅憑哲學中的時間概念是不夠的，還需要解決物理和技術上的問題。這恐怕是最大的障礙所在。

　　如果是在意識中的話，我們就能毫無限制地乘坐時光機旅行了。我們現在不都是這樣嗎？

　　例如，請你回想一下剛進小學時的情景。應該是牽著父母的手，揹著書包穿過學校大門吧，記得那是個櫻花紛飛的溫煦春日……

　　如何？

　　是不是已經回到幾十年前了？當然有人會說這只是意識上的體驗而已，並沒有真正讓時間倒流。

探索抽象概念的哲學

亨利・柏格森 (Henri Bergson，1859-1941 年)

那麼，如果時間只存在於意識中呢？

這樣的話，應該就可以時光倒流了。

法國哲學家亨利・柏格森主張：「**意識中的時間才是真正的時間。**」

確實，除了時鐘之外，我們的意識也對時間有感。

因此，我們會驚訝地發現時間過得很快，或者因時間過得太慢而感到不耐煩。

柏格森將這種意識中的時間稱為「**純粹綿延**」（Durée Pure）。因為時間是一種內在的、不可分割的連續流動。

時間既不存在於過去，也不存在於未來，而始終存在於自己的內心深處。

從前發生過的事情，現在回憶起來，就變成現在的事情。

未來的事情也一樣。

這樣一來，所有事情都會變成「現在」，但說到「現在」的那一瞬間，現在就變成了記憶，因此準確地說，所有事情不過是記憶而已。

如果深入探究柏格森的時間論，就會得出這樣的結論。

時間似乎是越來越難理解了。

但如果我們能明白時鐘顯示的時間並非真正的時間，我們的

世界和夢想就能變得更加多彩多姿。

　　我們不能測量時間，時間是無以測知、無法掌握的。

　　這也意味着，時光機並非遙不可及的夢想。

我的看法

時間，不能夠測量，它是無以測知、無法掌握的。

你的看法

難易度
★★★☆☆

亨利・柏格森

《時間與自由意志》

(Essai sur les données immédiates de la conscience)

柏格森十分關注在意識中流動的**時間**議題。

不愧是原始哲學的先驅，他對時間的描述，就如同描述人類生命一樣。

他認為，時間不像時鐘一樣可以分割或計算，其本質應該更像一種**純粹綿延**的狀態，就像音樂的旋律般，加入新的聲音就會改變整首旋律。

只有在這種不受任何決定論支配的純粹綿延中，自由才得以存在。

世界

World

「世界」一詞，不僅僅指地球本身，還包括我們的世界觀。

所以這裡我們用「世界」，而不用「地球」。

一般說到的「世界」，應該是指環繞著我們的環境。

馬丁・海德格
(Martin Heidegger，1889-1976年)

世界，可以說是二十世紀現代德國哲學家馬丁・海德格所說的「在世存有」（In-der-Welt-sein）。

根據海德格的說法，「在世存有」指的是在這個世界中與各種事物互動並且關注它們的一種生活樣態。

我們從早到晚都被各種事物包圍著，並且利用各種不同的事物來生活。

就這層意義上看來，**世界就是事物，就是我們居住的環境。**

當初海德格提出「在世存有」的概念時，就以生物學中的**周圍世界**（Umwelt）為例進行說明。所有生物都有其周圍世界，而且不會一模一樣。

探索抽象概念的哲學

就無生物而言，世界不存在；就動物而言，世界簡單貧乏。

相對地，海德格說：「**就人類而言，世界是可以創造的。**」

換句話說，人類是唯一能夠自己創造世界的生物。

馬庫斯‧加布里埃爾 (Markus Gabriel，1980- 年)

德國哲學家馬庫斯‧加布里埃爾曾經主張，正因為人類是唯一能創造世界的存在，「**因此世界不存在**」。

他認為，世界上根本沒有事物存在，存在的不過是我們不斷創造出來的各種事物罷了。

所有事物都是在虛構的**意義場**（Sinnfelder）中被賦予意義後，存在於這個世界上的。

這正是加布里埃爾提出的「**新實在論**」（New Realism）的核心思想，亦即所有事物都只是我們在意義場中創造出來的東西。

換句話說，意義場就像一個產生事物意義的器具，必須有這樣一個器具，事物才得以存在。

這麼一來，我們經常說的「在這個世界上……」，就變得毫無意義了。

「在這個世界上……」的說法，似乎暗示了一種哲學前提，即存在一個包含所有事物的抽象概念。但其實每件事物推到最根本都是意義場創建出來的，因此不可能存在一個能夠包含一切

的前提。

於是，加布里埃爾得出「**世界不存在**」的結論。

我想各位已經注意到了，這只是一個遣詞用字的問題，「在這個世界上……」的說法依然成立，因為它也意指創造世界的意義場，可以說，這才是「這個世界」的本質。

姑且不論我們存在的場域是不是該稱為**世界**，重要的是，我們可以假設其存在。

不過，它更像是我們存在的前提，或者說是環境，而不僅僅是物理世界。

因為如果我們不存在於某個地方，就無法與他人或事物產生任何關聯。

當其他事物存在時，我們總可以在哪個地方接觸它們吧。

即使不在物理空間中，也必須有某種形式的**介面**才對。

路德維希・維根斯坦
（Ludwig Wittgenstein，1889-1951 年）

奧地利哲學家路德維希・維根斯坦探討了世界作為介面的概念。

他主張：「**世界是一切發生的事情。**」

也就是說，世界不是只有物質，還包含了事件的狀態。

即便只是共享意識，這種意識也可以稱為世界。

　　例如，假設你我正在談論同一個話題。如果我們同時想到同樣的畫面，則該畫面就是我們共享的世界。

　　雖然這是一個極端的例子，但我們真的可以發出腦波並在某處共享。這種共享場域或許是在電腦中，但也算是一個「世界」吧。

　　這讓人聯想到引起世人關注的「**元宇宙**」（Metaverse）概念。「元宇宙」通常被描述為類似三度網際網路空間之類的東西，但它與網際網路最大的區別在於，人們可以化身進入虛擬空間，並在虛擬空間內以當事人身分行動。

　　這種情況就好像又出現了另外一個「世界」。

　　雖然只是一個虛擬的世界，但如果可以在那裡生活和進行經濟活動，那麼是否仍能繼續說虛擬空間內的生活和經濟活動是虛構的呢？

戴維・查爾莫斯
(David Chalmers，1966- 年)

　　來自澳大利亞的哲學家戴維・查爾莫斯，早就討論了元宇宙的存在，並堅稱這已成為現實。

　　元宇宙似乎能徹底改變我們對「世界」的概念。

　　因為世界不過是人類發揮潛能的前提條件而已。

　　重要的不是虛擬與否，而是在虛擬空間中能做些什麼。

我的看法

世界，是人類發揮潛能的前提條件。

你的看法

難易度

★★★★

《為什麼世界不存在》

馬庫斯‧加布里埃爾

(Warum es die Welt nicht gibt)

正是這本世界暢銷名著，讓加布里埃爾一舉成名。

在本書中，他將他所提倡的**新實在論**，解釋得一般人也很容易理解。

新實在論認為事物以我們認識的方式存在。

也就是說，我們在虛構的**意義場**中認識事物，事物才因而存在。

這麼一來，就沒有比意義場更基本的前提條件了。

當然，這也包括整個世界。

因此他說，世界不存在。

「民主主義是通往
社會主義的進程。」

「只有放棄，
才能讓人
真正感到幸福。」

「不眠之夜是
『神的恩賜』。」

「愛是積極投入。」

「因為他者，
我們才得以存在。」

「笑容帶來幸福，
而非幸福帶來笑容。」

「自律即自由。」

附錄

「人們被自己的
資訊繭房包圍住。」

「人類畢竟無法
住在橘上。」

「女人並非生而為女人，
而是成為女人。」

「命運引導我們，
並且嘲弄我們。」

「人有避免與陌生人
接觸的本能。」

人物介紹

「邪惡　是平庸的。」

「應該用接受事物　本來樣貌的心境　去接受死亡。」

「有力量的地方　就有抵抗。」

「骯髒和汙穢　是一樣的。」

「解析夢境，是了解無意識活動的最佳途徑。」

「人被判處　自由之刑。」

「當人們覺得滿足時，就是開始走下坡的時候。」

「民主主義正走向末路。」

「人類為了活到明天，已經活過了數萬年的今天。」

「圍繞爐灶　的生活。」

「必須承認　戰爭狀態。」

「你活在電腦　模擬之中。」

阿那克西曼德

生卒年：
B.C.610-B.C.546左右

出生地點或活躍地點：
希臘

頭銜：
哲學家

思想：
古代希臘哲學（米利都學派）

「萬物的根源是無限的！」

阿那克西曼德、泰勒斯（Thales of Miletus）、阿那克西美尼（Anaximenes of Miletus）是米利都學派（伊奧尼亞學派）的代表人物。阿那克西曼德探討了自然哲學，與泰勒斯一起被視為最早的哲學家。

他們主張萬物的根源（Arche）是**無限（Apeiron）**。

這個想法的開創性在於，泰勒斯試圖使用自然界中存在的「水」元素來解釋世界的起源，而阿那克西曼德則將「無限」概念化，以描述「火」、「水」等一切事物的根源。

「無限」意味著否定任何形式上的局限，並擴及宇宙論。此外，阿那克西曼德還進行天體觀測，並論述高度複雜的宇宙論。

著作：
無

參考項目：
3-4

阿蘭

生卒年：
1868-1951 年

出生地點或活躍地點：
法國

頭銜：
哲學家　文學家
高中哲學老師

思想：
幸福論

本名為埃米爾・沙爾捷（Émile Chartier），「阿蘭」為其筆名。

他是法國哲學家西蒙・韋伊（Simone Weil）等知名哲學家的老師。長年在報紙上連載名為「普羅波」（propos，阿蘭自創的一種文章體裁）的隨筆短文。

《論幸福》被視為三大幸福理論之一，是從五千篇「普羅波」短文中，選出關於幸福主題的內容後集結成書。至今依然是一部極受歡迎的名著。

著作：
《論幸福》（*Propos sur le Bonheur*）、《論藝術》（*Vingt leçons sur les Beaux-Arts*）、《論人類》（*Esquisses de l'homme*）等

參考項目：
4-5、5-1

亞里斯多德

生卒年：
B.C.384-B.C.322 年

出生地點或活躍地點：
希臘

頭銜：
哲學家

思想：
古代希臘哲學

「人是政治的動物。」

亞里斯多德因探討邏輯學、自然科學、哲學、倫理學和政治學等各種學問而被譽為**萬學之祖**。也因擔任亞歷山大大帝的家庭教師而聞名。

晚年在雅典郊區創立呂克昂（Lyceum）學園，又因常與學生在校園邊散步邊進行哲學探討，因此被稱為「逍遙學派」或「漫步學派」（Peripatetic School）。

他闡述了古代希臘城邦社會中的倫理觀念，主張人是一種具有政治性質的動物。並提出意味著恰到好處、不偏不倚的**中庸思想**，以及強調**友愛**的重要性。

著作：
《物理學》（*Physics*）、《尼各馬可倫理學》（*The Nicomachea Ethics*）、《政治學》（*Politics*）等

參考項目：
1-5、2-1、2-2、5-1、6-2、6-4

阿圖爾‧叔本華

生卒年：
1788-1860 年

出生地點或活躍地點：
德國

頭銜：
哲學家

思想：
生命哲學　悲觀主義（厭世主義）

「只有放棄，才能讓人眞正感到幸福。」

　　才華橫溢的叔本華深獲德國詩人歌德的賞識，但是，他在柏林大學任教期間，被當時極具聲望的哲學家黑格爾打敗，最後失意地離開大學，專心寫作。

　　在思想上，他主張意志比理性更為重要。另外，由於受到東方思想的影響，他採取了一種悲觀主義的立場，認為要抑制不斷膨脹的欲望而獲得幸福，唯有否定意志才是解決之道。

　　此外，他也以愛狗成痴聞名。

著作：
《作為意志和表象的世界》（*Die Welt als Wille und Vorstellung*）、
《人生智慧箴言》（*Aphorismen Zur Lebensweisheit*）等

參考項目：
5-1

阿爾貝・卡繆

生卒年：
1913-1960 年

出生地點或活躍地點：
法國

頭銜：
哲學家　劇作家
諾貝爾文學獎得主

思想：
存在主義

「團結起來，
共同克服
集體性荒謬！」

卡繆原本是一名活躍的新聞記者，但因報社人事整頓而遭到解雇。另一方面，他透過持續撰寫劇本和小説而確立了**荒謬文學**。

由於他與尚－保羅・沙特等人有所交流，因此也被歸類為**存在主義者**。他參加反抗運動，在戰後甚至獲得勳章。年紀輕輕就榮獲諾貝爾文學獎，但不幸在四十六歲那年因一場車禍而離世。

在本世紀，他的小説《瘟疫》再次因新冠肺炎大流行而受到關注。

著作：
《瘟疫》（*La Peste*）、《異鄉人》（*L'Etranger*）、《反抗者》（*L'Homme Révolté*）等

參考項目：
4-2

亨利・柏格森

生卒年：
1859-1941 年

出生地點或活躍地點：
法國

頭銜：
哲學家
諾貝爾文學獎得主

思想：
生命哲學

「時間常在我心。」

　　作為生命進化的根源力量，柏格森提出「**生命衝力**」（Élan vital）的概念，對**生命哲學**的確立做出貢獻。

　　此外，他還提出一個獨特的時間觀念——**純粹綿延**，對後來的時間理論產生了重大影響。

　　他還活躍於國際知識合作委員會等國際聯盟諮詢機構中，並以其優美的文筆贏得諾貝爾文學獎等眾多殊榮，展現出多方面的才華。他有一些關於笑話的哲學思考也非常有名。

著作：
《笑》（*Le Rire*）、《時間與自由意志》（*Essai sur les données immédiates de la conscience*）、《創造進化論》（*L'Évolution créatrice*）、《物質與記憶》（*Matière et mémoire*）等

參考項目：
6-4

伊藤仁齋

生卒年：
1627-1705 年

出生地點或活躍地點：
日本

頭銜：
儒學家

思想：
儒家思想

「四方上下爲宇，古往今來爲宙。」

　　伊藤仁齋非常推崇《論語》，認為它是**最偉大、最高貴的天地間第一部書**。他起初屬於朱子學派，但後來反對朱子學派，提倡回歸孔子和孟子原意的**古義學（古學）**。

　　在他所寫的《語孟字義》中，闡述了天道論，並從「空間無限性」和「時間永恆性」的角度理解宇宙。這與德國哲學家萊布尼茲的宇宙觀有共通之處。

著作：
《論語古義》（論語古義）、《語孟字義》（語孟字義）、《中庸發揮》（中庸発揮）等

參考項目：
3-4

伊曼努爾・康德

生卒年：
1724-1804 年

出生地點或活躍地點：
德國

頭銜：
哲學家

思想：
德國觀念論

「自律即自由。」

康德綜合英國的經驗主義（Empiricism）和歐洲大陸的理性主義（Rationalism）兩股主流哲學，完成了「批判哲學」學說，奠定**德國觀念論**（German Idealism，又稱德國唯心論、德國唯心主義）的基礎。

所謂的康德倫理學，是一種極為嚴格的倫理學，要求無條件做正確的事情；這門思想已成為現代倫理學的經典。

此外，他認為人類的特權在於**能夠按自己的意願思考並行動**，主張自律才是自由的本質所在。

他還倡議應該建立一種**永久和平體制**以防止戰爭，並宣揚可作為國際聯盟、聯合國等組織基礎的**和平思想**等，探討的範圍相當廣泛。

著作：
《純粹理性批判》（*Kritik der reinen Vernunft*）、《實踐理性批判》（*Kritik der praktischen Vernunft*）、《永久和平論》（*Zum ewigen Frieden*）等

參考項目：
2-3、6-1

伊萊・帕理澤

生卒年：
1980- 年

出生地點或活躍地點：
美國

頭銜：
作家　政治活動家　企業家

思想：
其他學術領域

「過濾泡泡。」

帕理澤是美國最大的自由派組織之一「MoveOn.org」的前執行董事和現任理事會主席，同時也是網站「Upworthy」和全球網路社群「Avaaz.org」的共同創始人。

他也是無國界記者組織成立的「資訊與民主主義委員會」中的二十五位重要人物之一。

他觀察到網站會根據演算法傳遞與用戶意見相似的資訊，或是用戶需要的資訊，並預見這種超個性化網際網路存在的風險，因而提出「**過濾泡泡**」一詞，如今這個新詞已被收入字典中。

著作：
《搜尋引擎沒告訴你的事》（*The Filter Bubble: What the Internet Is Hiding From You*）等

參考項目：
3-2

維克多・弗蘭克

生卒年：
1905-1997 年

出生地點或活躍地點：
奧地利

頭銜：
思想家　精神科醫師

思想：
心理學　精神分析

「人是苦難的存在（受苦的人）。」

弗蘭克建立一種心理治療方法：「意義治療」（Logotherapy），引導人們找到自己的生命意義。

一九四一年，他在納粹德國奧斯威辛集中營度過了一段時間。基於那段經歷，他寫下了著名作品《活出意義來》，總結出當人們被放置在強制隔離所等極限環境中所產生的精神變化、行為、絕望和希望等內容。

他從集中營的經歷中思考**苦難**問題，並認為痛楚和苦難是不同的概念，而承受苦難是人類的能力和特質之一，因此將人類稱為「**受苦的人**」。

著作：
《活出意義來》（*Man's Search for Meaning*）、《受苦的人》（*Homo patiens: Versuch einer Pathodizee*）等

參考項目：
4-5

伏爾泰

生卒年：
1694-1778 年

出生地點或活躍地點：
法國

頭銜：
哲學家

思想：
啟蒙思想

「命運引導我們，並且嘲弄我們。」

伏爾泰的本名為弗朗索瓦－馬里·阿魯埃（François-Marie Arouet），伏爾泰是筆名。

他是啟蒙運動的代表人物，也是百科全書派學者，被視為十八世紀自由主義的象徵人物之一。

他始終堅持極端無神論思想，提倡**自然神論**。

此外，他還撰寫小説《憨第德》，批判和諧樂觀主義的世界觀。

他原本與尚－雅克·盧梭關係良好，但一七五五年里斯本大地震後，兩人關係出現裂痕。他是自然神論者，長期抨擊基督教，在地震發生後不久發表了《里斯本震災輓詩》一文，對認定上帝永遠正確的信念提出異議。

著作：
《哲學辭典》（*Dictionnaire philosophique*）、《哲學通信》（*Lettres philosophiques sur les Anglais*）、《憨第德》（*Candide*）等

參考項目：
4-2

宇佐美誠

生卒年：
1966- 年

出生地點或活躍地點：
日本

頭銜：
法律哲學家 京都大學教授

思想：
現代思想

　　宇佐美誠專門研究法律哲學中的法概念論和正義論（法價值論）。

　　他以南北問題和開發中國家貧困問題等為題材，進行擴大正義範圍的研究。也以環境問題為題材，探討跨世代的**世代正義（世代倫理）**。

　　特別是在以環境問題為題材的正義方面，他提出**基本需求理論**。

　　此外，他的研究範圍還包括法律與經濟學、公共政策學、社會選擇理論、實證政治理論等社會科學與法律哲學之間的關係，以及公共利益、市民社會等問題。

著作：
《氣候正義：對抗全球暖化的規範理論》（気候正義：地球温暖化に立ち向かう規範理論）、《氣候崩壞》（気候崩壊）、《因 AI 而改變的法律與社會》（AI で変わる法と社会） 等

參考項目：
4-3

伊曼紐爾・列維納斯

生卒年：
1906-1995 年

出生地點或活躍地點：
法國

頭銜：
猶太裔哲學家

思想：
存在主義

「因爲他者，我們才得以存在。」

　　列維納斯的親戚在納粹大屠殺下幾乎全部遇害，但他成功逃亡法國，並在那裡成為一位具影響力的哲學家。他以自身曾遭納粹逮捕的經驗，呼籲世人**尊重他者的存在**。

　　他特別關注每個人不同的「**臉**」，提出一種對待他人的非對稱性倫理觀念。

　　此外，他透過「有」（ｉｌｙａ）這個表述存在方式或形態的概念，探討如何從孤獨中走出來的思想。他也以猶太研究聞名。

著作：
《整體與無限》（*Totalité et Infini: essai sur l'extériorité*）、《從存在到存在者》（*De l'existence à l'existant*）等

參考項目：
1-2

伊利亞斯・卡內提

生卒年：
1905-1994 年
出生地點或活躍地點：
英國
頭銜：
作家　思想家　諾貝爾文學獎得主
思想：
其他學術領域

「人有避免與陌生人接觸的本能。」

　　卡內提是保加利亞出生的西班牙裔猶太人。一九三九年逃離納粹
大屠殺而前往英國避難。之後，以自己的經歷和大量資料為基礎，
開始探索群眾心理。在鑽研各種學問的同時，以個人獨特的背景和
立場進行研究。

　　他主張人類天生具有一種名為**「接觸恐懼」**的本能，會自然而然
避免與陌生人接觸，而為了消除這種恐懼感，結果就變成了所謂的
「群眾」。

　　一九八一年榮獲諾貝爾文學獎。

著作：
《群眾與權力》（*Masse und Macht*）、《迷惘》（*Die Blendung*）等

參考項目：
3-3

艾力・賀佛爾

生卒年：
1902-1983 年

出生地點或活躍地點：
美國

頭銜：
哲學家　工人哲學家

思想：
幸福論

「人類的本來樣貌，只有在遊戲時才會表現出來。」

賀佛爾七歲喪母，十八歲喪父，自此成為孤兒，開始在洛杉磯的貧民窟過著勉強度日的生活。二十八歲時曾自殺未遂，之後到加州當季節性農工，勞動之餘經常前往圖書館，因此學會大學程度的物理學和植物學相關知識。

後來有人向他提供正式的研究員職位，但他因為十分**重視「愛自己」**這件事，決定回到無拘無束的流浪生活。一九四一年起在舊金山當一名碼頭工人，一直做到六十五歲才退休，因此被稱為「**工人哲學家**」。

著作：
《什麼是人？》（*First Things, Last Things*）、《想像中的真相》（*Truth Imagined*）、《碼頭日記》（*Working and Thinking on the Waterfront: A Journal*）、《狂熱份子：群眾運動聖經》（*The True Believer: Thoughts on the Nature of Mass Movements*）等

參考項目：
1-1、5-2

埃里希・弗羅姆

生卒年：
1900-1980 年

出生地點或活躍地點 ：
德國

頭銜 ：
思想家　社會心理學家
精神分析學家

思想 ：
心理學　精神分析

「愛是積極投入。」

弗羅姆用社會性格理論，調合馬克思主義和佛洛伊德的精神分析，將佛洛伊德以後的精神分析知識，應用於社會各種情況中。

作為一個有機體，當人們的自我成長和自我實現受到阻礙時，就會陷入一種危機。這種危機可能導致攻擊性、虐待狂或受虐狂等行為，以及服從權威並否定個人自由的權威主義傾向。

傳統社會安全而不自由，現代社會自由而不安全；正是這種不安全的自由使人產生種種逃避傾向。他主張，唯有過上這種生活──能夠實現我們身為有機體的生產性（即充分地自我成長和自我實現），我們才能避免陷入這些危險的自由之中。

著作 ：
《愛的藝術》（*The Art of Loving*）、《逃避自由》（*Escape From Freedom*）等

參考項目 ：
6-2

大庭健

生卒年：
1946-2018年

出生地點或活躍地點：
日本

頭銜：
哲學家 倫理學家
專修大學名譽教授

思想：
現代思想

「無端苦難。」

　　大庭健的專業領域為倫理學和分析哲學。

　　他主張惡不僅僅是某種重要事物被奪走的情況，還必伴隨著人類存在的損害，並稱這種狀況為「**無端苦難**」。

著作：
《他者是誰?》（他者とは誰のことか）、《為什麼我是我?》（私はどうして私なのか）、《善與惡》（善と惡）等

參考項目：
6-3

加藤尚武

生卒年：
1937- 年

出生地點或活躍地點：
日本

頭銜：
哲學家　倫理學家
京都大學名譽教授

思想：
現代思想

　　加藤尚武的專業領域為黑格爾哲學和應用倫理學。一九九四年，他以《哲學的使命：黑格爾哲學的精神與世界》（《哲学の使命：ヘーゲル哲学の精神と世界》）

　　一書，獲得第六屆和辻哲郎文化獎（學術部門）殊榮。

　　二〇一一年三月十一日發生東日本大地震時，他指出日本傳統的**相互性倫理，已經昇華成自我犧牲奉獻精神，**並闡述其美好之處。

著作：
《災害理論》（災害論）、《黑格爾哲學的形成與原理》（ヘーゲル哲学の形成と原理）、《應用倫理學的推進》（応用倫理学のすすめ）、《戰爭倫理學》（戦争倫理学）等

參考項目：
4-4

卡爾・希爾蒂

生卒年：
1833-1909 年

出生地點或活躍地點：
瑞士

頭銜：
哲學家　法律專家　政治家

思想：
幸福論

「不眠之夜是『神的恩賜』。」

　　希爾蒂原本專攻法學，曾擔任律師，後來成為瑞士陸軍的審判長。獲聘為伯恩大學教授，除了法學之外，還運用其博學進行廣泛的創作活動。

　　尤其**受到《聖經》的強烈影響**，撰寫了許多宗教倫理方面的作品。

著作：
《不眠之夜》（*Für schlaflose Nächte*）、《幸福論》（*Glück*）等
參考項目：
1-5

卡爾‧馬克思

生卒年：
1818-1883 年

出生地點或活躍地點：
德國

頭銜：
哲學家　經濟學家

思想：
政治哲學

「民主主義是通往社會主義的進程。」

　　馬克思用科學方法解釋資本主義的結構，提出**科學社會主義思想**。

　　他在盟友弗里德里希‧恩格斯（Friedrich Engels）的幫助下，確立了**馬克思主義**（Marxism），旨在解放人們免受勞動成果被剝削、生活受到壓迫等疏離之苦，對後世產生了深遠的影響。

　　他主張所有社會歷史都是階級鬥爭歷史，這種鬥爭將帶來資本主義崩潰，勞工階級將透過革命取得勝利。

　　他批評資本家把剩餘利益拿來中飽私囊，希望透過消除單一的分工，讓勞動更具創造性。

　　晚年的馬克思關注環境問題，認為理想的經濟型態是可持續發展的去成長化經濟。

著作：
《資本論》（*Das Kapital*）、《共產黨宣言》（*Manifest der Kommunistischen Partei*）等

參考項目：
1-4、2-5

卡爾・雅斯培

生卒年：
1883-1969 年

出生地點或活躍地點：
德國

頭銜：
哲學家　精神科醫師
政治評論家

思想：
存在主義

「核能可能給人類帶來滅絕危機。」

　　雅斯培是**存在主義**哲學的代表人物之一，對現代思想、現代神學和精神醫學產生了深遠影響。

　　二次大戰後，資本主義和社會主義兩大陣營開始東西冷戰，並演變成核武競賽。由於核武具有摧毀全人類的恐怖力量，因此雙方都意識到這種陷入僵局的危機狀態。而雅斯培稱此為「**極限情境**」。

　　所謂**極限情境**，意指當下活著的人在任何情況下都無法逃脫的普遍性狀況，例如死亡或苦難等。

著作：
《精神病理學總論》（*Allgemeine Psychopathologie*）、《哲學》（*Philosophie*）、《罪責問題》（*Die Schuldfrage*）等

參考項目：
4-4

凱斯・桑思坦

生卒年：
1954- 年

出生地點或活躍地點：
美國

頭銜：
法學家　哲學家　思想家

思想：
現代哲學

桑思坦的專業領域是憲法學、行政法、環境法。

他的許多研究都是結合了行為經濟學和法律學，並且指出，單純依靠**理性行為者模型**（Rational Actor Model）來預測人們對法律介入的反應，可能會產生一些不恰當的理解。

他與諾貝爾經濟學獎得主理查・塞勒（Richard Thaler）一起創造了「**輕推**」這個行為經濟學概念。

此外，隨著網際網路普及，人們已被自己喜歡的資訊包圍住；針對這種狀況，他則是用「人們被自己的**資訊繭房**包圍住」來形容。

著作：
《標籤：社交媒體時代的眾聲喧譁》（*#republic: Divided Democracy in the Age of Social Media*）、《影響力的倫理學》（*TheEthics of Influence*）、《網際網路是民主主義之敵？》（*Republic.com*）等

參考項目：
3-2、4-1

古斯塔夫 · 勒龐

生卒年：
1841-1931 年

出生地點或活躍地點：
法國

頭銜：
思想家　社會心理學家
物理學家　醫師

思想：
心理學　精神分析

「群眾缺乏思考能力，而且缺乏恆心毅力。」

　　勒龐在一八六〇至一八八〇年代遊歷歐洲、亞洲和非洲，並撰寫與考古學、人類學有關的文章。

　　後來，他的興趣轉向社會心理學，特別是**他的群眾心理學對二十世紀前半期的社會心理學產生了重大影響。**

　　他在著作《烏合之眾：大眾心理研究》中論述道：「此刻我們正在進入的時代，就是群眾時代。」

　　群眾是指缺乏思考能力，容易受到有魅力的領導者所操縱的一個集合體：領導者透過**斷言、反覆和渲染**等手段給出暗示，群眾則依其暗示行動。勒龐認為工業革命以後，社會現象的特徵驅使人們走向這種群眾心態。

著作：
《烏合之眾：大眾心理研究》（*Psychologie des Foules*）、《民族進化的心理定律》（*Les Lois Psychologiques de l'Évolution des Peuples*）等

參考項目：
3-3

格奧爾格·威廉·弗里德里希·黑格爾

生卒年：
1770-1831年

出生地點或活躍地點：
德國

頭銜：
哲學家

思想：
德國觀念論

「人類是為了尊嚴而工作。」

黑格爾被稱為**德國觀念論**的完成者、近代哲學的巔峰。

這是因為他宣稱他已將之前的哲學予以體系化，並完成了這項大業。然而，這個體系是否建構成功仍存在爭議。他年輕時懷才不遇，直到三十七歲發表《精神現象學》一書之前，甚至沒有獲得大學正式職位。

不過，他最終成為一流學府柏林大學的校長，對當時落後的普魯士王國做出不少改革貢獻。

著作：
《精神現象學》（*Phänomenologie des Geistes*）、《法哲學原理》（*Grundlinien der Philosophie des Rechts*）等

參考項目：
序言、5-2、5-3

格奧爾格・齊美爾

生卒年：
1858-1918年

出生地點或活躍地點：
德國

頭銜：
哲學家 社會學家

思想：
生命哲學

「人類畢竟無法住在橋上。」

齊美爾是**社會學的開創者**。

他闡述**貨幣論**，認為金錢帶來自由，並強調重點在於目的：如何使用金錢。

近年來，人們重新評價法國哲學家吉爾・德勒茲和精神分析家皮埃爾－菲利克斯・伽塔利（Pierre-Félix Guattari）以後的生機論（Vitalism），於此背景下，後期齊美爾研究社會化以前生活方式的理論便備受關注。

著作：
《貨幣哲學》（*Philosophie des Geldes*）、《文化哲學》（*Philosophische Kultur*）、《生命直觀》（*Lebensanschauung*）等

參考項目：
1-4

哥特佛萊德·萊布尼茲

生卒年：
1646-1716年

出生地點或活躍地點：
德國

頭銜：
哲學家　數學家　科學家
政治家　外交官

思想：
歐陸理性主義

「自然界中，沒有哪兩種事物是完全相同的。」

萊布尼茲與勒內·笛卡兒等人，被視為近代**歐陸理性主義**的代表性哲學家。

他企圖統整十七世紀的各種學問，建立出一套體系。

最後，他提出「**單子論**」（Monadology）和「**預定和諧**」（Pre-established Harmony）學說。他的成就涵蓋多個領域，例如單子論、微積分法、邏輯計算等學問的發明，以及柏林科學院的創立等。

他把精神和物質看作是象徵整個世界的單子的集合體。就這種存在論來看，可以說他試圖調和理性論和經驗論之間的對立。

著作：
《單子論》（*La Monadologie*）、《形而上學論》（*Discours de métaphysique*）等

參考項目：
3-4

澀澤榮一

生卒年：
1840-1931年

出生地點或活躍地點：
日本

頭銜：
實業家　商業界領袖
日本資本主義之父

思想：
儒家思想

「當人們覺得滿足時，就是開始走下坡的時候。」

澀澤榮一的肖像被印在二〇二四年發行的日本新版一萬圓紙幣上。

明治時代，他就負責過新版紙幣的發行和管理業務，後來成為大藏省三等官員，負責財政金融工作。辭官後轉至商界，總共創立並管理過高達五百間各種公司及經濟團體。

他一生都在追求盡可能公平的社會。

從他所撰寫的《論語與算盤》一書中，可以看出他所主張的**道德與經濟合一思想**。

著作：
《論語與算盤》（論語と算盤）、《雨夜譚》（雨夜譚）等

參考項目：
2-5

西蒙‧波娃

生卒年：
1908-1986 年

出生地點或活躍地點：
法國

頭銜：
哲學家　作家　批評家
政治社會運動家　思想家

思想：
女權主義

「女人並非生而爲女人，而是成爲女人。」

　　波娃在一九七〇年代加入**女性解放運動（MLF）**，並成為該運動的領導者。

　　她與在學期間結識的尚－保羅‧沙特一起生活，兩人成為終身伴侶，但互相承認彼此的性自由。

　　她的著作《第二性》已被翻譯成十多種語言，其中，「**女人並非生而為女人，而是成為女人。**」成為經典名句，意味著「女性」是歷史、社會和文化建構下的產物，在一九五〇年代到六〇年代，對中產階級年輕女性產生強烈的影響，促使她們更加獨立自主。

著作：
《第二性》（*Le Deuxième Sexe*）、《名士風流》（*Les Mandarins*）等

參考項目：
2-4

尚－雅克・盧梭

生卒年：
1712-1778 年

出生地點 或 活躍地點：
法國

頭銜：
哲學家　音樂家

思想：
啟蒙思想

「地震是文明驕傲帶來的人禍。」

　　盧梭是具代表性的啟蒙思想家之一，年輕時曾在沙龍間遊走，靠自己擅長的音樂維持生計。

　　他提出**社會契約論**，主張以人們的共同意志——**公共意志**為基礎，透過直接民主主義來進行統治。這種思想成為法國革命的精神支柱，但也因此被貼上危險思想的標籤。

　　此外，他的《愛彌兒》一書更成為近代教育的經典名作。

著作：
《愛彌兒》（*Emile: ou De l'education*）、《論人類不平等的起源與基礎》
（*Discours sur l'origine et les fondements de l'inégalité parmi les homes*）、
《社會契約論》（*Du contrat social ou Principes du droit politique*）等

參考項目：
4-2

尚一保羅・沙特

生卒年：
1905-1980 年

出生地點或活躍地點：
法國

頭銜：
哲學家

思想：
存在主義

「人被判處自由之刑。」

　　沙特以第一名的優異成績，畢業於法國菁英聚集的巴黎高等師範學校。在那裡，他遇見了才女西蒙・波娃，兩人終身未正式結婚，卻保持著情侶關係。這種關係又稱為契約婚姻。

　　在小說《嘔吐》獲得出色的評價後，他又繼續推出許多充滿挑戰性並引人入勝的小說和劇本。

　　這些成就讓他贏得諾貝爾文學獎提名，但他因為厭惡權威，拒絕受獎。

　　他主張**存在主義**，提倡人人應當自己開創人生。與此同時，他也藉參加示威活動來實踐自己的思想。

著作：
《存在主義即人文主義》（*L'existentialisme est un humanisme*）、《存在與虛無》（*L'etre et le neant*）、《嘔吐》（*La Nausée*）等

參考項目：
1-4、6-1

朱迪斯・巴特勒

生卒年：
1956- 年

出生地點或活躍地點：
美國

頭銜：
哲學家　政治運動家
人權組織「國際立即行動」代表
（1994-1997）

思想：
女權主義

「沒有人天生就有性別。」

　　巴特勒在她的著作《性／別惑亂》中，大膽推進了米歇爾・傅柯率先開展的**性別與性取向研究**。二〇一二年，獲得德國文化獎阿多諾獎。

　　她公開宣布自己是同性戀者，並採用酷兒理論等，主張「**異性戀是人為塑造出來的**」。一方面立據於同為同性戀者的傅柯的研究，一方面認為將性別體制建立在男女二元對立上是一種壓抑的行為，為防止性別遭到固定化，她甚至**否定任何新的性別分類方式**。

著作：
《性／別惑亂：女性主義與身分顛覆》（*Gender Trouble: Feminism and the Subversion of Identity*）、《身體之重：論「性別」的話語界限》（*Bodies That Matter：On the Discursive Limits of「Sex」*）、《權力的精神生活：服從的理論》（*The Psychic Life of Power: Theories in Subjection*）等

參考項目：
2-4

喬治·阿甘本

生卒年：
1942- 年

出生地點或活躍地點：
義大利

頭銜：
哲學家

思想：
現代哲學

「不能將例外狀態常態化。」

阿甘本以提出**「牲人」**（Homo Sacer）、**「自然生命」**（zoe）及**「政治生命」**（bios）等概念而聞名，其思想是在馬丁·海德格、米歇爾·傅柯及義大利新馬克思主義（Neo-Marxism）的影響下形成的。

他以傅柯的**「生命政治」**和卡爾·施密特的**「例外狀態」**為本，將古羅馬時期特殊罪犯「牲人」與現代政治相結合並進行解讀而引起關注。

關於例外狀態，他警告世人，隨意承認例外，將會形成永久性的統治框架。

著作：
《我們如今在哪裡？：作為政治的流行病》（*A che punto siamo? L'epidemia come politica*）、《王國與榮耀》（*Il regno e la gloria*）、《即將來臨的共同體》（*La comunità che viene*）等

參考項目：
4-1

約翰・斯圖亞特・彌爾

生卒年：
1806-1873 年

出生地點或活躍地點：
英國

頭銜：
哲學家　經濟學家

思想：
政治哲學

「剝奪人們自由的並非暴君和惡法，而是社會習慣。」

彌爾批判英國哲學家傑瑞米・邊沁（Jeremy Bentham）的**效益主義**（Utilitarianism），發展成自己的一套見解。雖然他接受邊沁的**最大多數者的最大幸福**原則，但質疑幸福快樂是否有高低貴賤之分，認為快樂的品質最重要。在他看來，只要增加高品質的幸福快樂，即可實現效益主義的成果。

此外，他還主張**古典自由主義**，提出**傷害原則**：除非對他人造成傷害，否則人們可以自由做任何事情。

著作：
《效益主義》（*Utilitarianism*）、《論自由》（*On Liberty*）等

參考項目：
6-1

約翰・羅爾斯

生卒年：
1921-2002 年

出生地點或活躍地點：
美國

頭銜：
政治哲學家

思想：
政治哲學　現代自由主義

「作為公平的正義。」

　　羅爾斯為思考如何建立公正的社會，將「**正義**」概念運用到社會福利上，讓沉寂已久的政治哲學得以重振聲勢。

　　在思想上，他批判效益主義，並構思出一種倫理學來作為民主社會的基本原則。

　　特別的是，他主張以平等主義為立場，將公正視為社會正義的核心。

　　作為公平的正義有兩種原則：一種是**平等自由原則**，另一種是**公平機會原則與差異原則**。

　　一九六〇年代，他在越南反戰運動中探索拒絕服役的思想根源等，積極對政治哲學和社會之間的關係表達看法。

著作：
《正義論》（*A Theory of Justice*）、《政治自由主義》（*Political Liberalism*）、《萬民法》（*The Law of Peoples*）等

參考項目：
2-1

約翰・洛克

生卒年：
1632-1704 年

出生地點或活躍地點：
英國

頭銜：
哲學家　政治哲學家

思想：
英國經驗主義

「一切財產皆爲勞動產物。」

　　對於與英國經驗主義相對立的歐陸理性主義，洛克的主張是：沒有所謂的先天觀念，人類心靈在出生時就像一張**白紙**（tabula rasa，又譯「白板」）。

　　此外，他還提出**社會契約説**，認為「金錢源自所有權概念」，並提倡**寬容精神**來對抗宗教戰爭和宗教改革等壓迫行為。

著作：
《政府論》（*Two Treatises of Government*）、《論寬容》（*A Letter Concerning Toleration*）、《人類理解論》（*An Essay Concerning Human Understanding*）等

參考項目：
1-4、5-5

吉爾・德勒茲

生卒年：
1925-1995 年

出生地點或活躍地點：
法國

頭銜：
哲學家

思想：
後結構主義

「一切事物都是事件。」

　　德勒茲與法國哲學家雅克・德希達（Jacques Derrida）並列，被視為**後結構主義**（Post-structuralism）的旗手。他不是探索傳統哲學，而是致力於創造新的哲學。他堅信「**哲學就是概念的創造**」，並且提出許多新詞彙，如「欲望機器」（Desiring-machine）、「塊莖」（Rhizome）、「無器官身體」（Body without organs）等。

　　他與法國精神分析家菲利克斯・瓜達希（Félix Guattari）合作撰寫了許多作品。除了對當代思想產生深遠影響外，還對電影等文化領域產生巨大影響，至今仍受到關注。

　　最後因病情惡化，在公寓中自殺。

著作：
《資本主義與精神分裂 （卷 2）：千高原》（*Capitalisme et Schizophrénie 2. Mille Plateaux*）、《差異與重複》（*Différence et répétition*）等

參考項目：
序言、 4-5

西格蒙德 ·
佛洛伊德

生卒年：
1856-1939 年
出生地點或活躍地點：
奧地利
頭銜：
精神分析家　思想家
思想：
心理學　精神分析

「解析夢境，是了解無意識活動的最佳途徑。」

　　佛洛伊德從看診經驗和研究中，創建了**精神分析學說**。他的精神分析著重人類幼年時期的經驗，當中以關注性體驗為主的**幼兒性欲論**最有名。特別是「戀母情結」概念，解釋了人在自我形成上的各種障礙，具有深遠影響。

　　此外，他是首位正式解析人類的**無意識**的人，並進行**夢境相關研究**以了解夢境所扮演的角色。

著作：
《精神分析引論》（*Vorlesungen zur Einführung in die Psychoanalyse*）、《夢的解析》（*Die Traumdeutung*）等
參考項目：
1-5

斯拉維‧紀傑克

生卒年：
1949- 年

出生地點或活躍地點：
斯洛維尼亞

頭銜：
思想家　精神分析家

思想：
現代哲學

　　紀傑克將難以理解的拉岡派精神分析學說應用到電影、歌劇和社會問題上，一舉成為當代思想界備受青睞的人物。

　　在政治立場方面，尤其自二〇〇〇年以來，他指出議會制民主主義的局限性，並主張反資本主義和回歸列寧主義。他呼籲將**公有財產**（commons）從私有化中奪回，交還給團結起來的工人階級，鼓吹重新改造的共產主義。此外，針對新冠疫情也很快做出反應，呼籲全球團結對抗。

著作：
《大流行病：COVID-19 撼動世界》（*Pandemic!: COVID-19 Shakes the World*）、《共產主義概念》（*The Idea of Communism*）、《如何閱讀拉岡》（*How to Read Lacan*）等

參考項目：
2-5

西奧多 · 薩德

生卒年：
1967- 年

出生地點或活躍地點：
美國

頭銜：
哲學家

思想：
分析哲學

「時間就像空間一樣。」

薩德是美國紐約大學哲學系教授，專攻形上學（時間、同一性、氣象學、模態論、超驗證主義和原理性）。

此外，他還熱衷於語言哲學、邏輯學、邏輯哲學、數學哲學和物理學哲學等的研究和教育。

其中一項研究重點為：當人們為解決形上學問題而使用一些概念性工具時，**工具的選擇將如何影響這些問題，特別是與科學形上學相關的問題。**

著作：
《存在之謎：形而上學導論》（*Riddles of Existence: A Guided Tour of Metaphysics*）、《四次元主義哲學》（*Four-Dimensionalism: An Ontology of Persistence and Time*）等

參考項目：
6-4

蘇格拉底

生卒年：
B.C.469-B.C.399 年左右
出生地點或活躍地點：
希臘
頭銜：
哲學家
思想：
古希臘哲學

「無知之知。」

蘇格拉底被譽為**哲學之父**，但據說他原本是一名石匠。

他在四十歲的時候得到神諭：「沒有比蘇格拉底更聰明的人。」於是開始探討哲學。

結果，他不斷向所謂的詭辯家們提問，最終領悟到對未知事物應保持謙虛的「**無知之知**」。這種探求真理的質問方式稱為「**問答法**」，成為後來探討哲學的基本模式。

晚年，他被冠上褻瀆城邦、腐蝕青少年思想等罪名，遭到審判並處以死刑。

著作：
沒有留下任何著作，從他的弟子柏拉圖的著作 《蘇格拉底的申辯》 等書中，可以了解他的思想。
參考項目：
序言

戴維・查爾莫斯

生卒年：
1966- 年

出生地點或活躍地點：
澳大利亞

頭銜：
哲學家

思想：
現代哲學

查爾莫斯出生於澳大利亞，目前在美國一所大學任教。他是從哲學角度探討科技的**科技哲學先驅者**。

原本他是以研究**心靈哲學**而馳名於世。他用「**意識的難題**」（hard problem of consciousness）一語來說明思考意識如何產生有多困難，而引起話題。

最近，他撰寫的書籍《Reality ＋：虛擬世界與哲學問題》掀起了廣泛討論，書中主張元宇宙即是現實本身。

著作：
《Reality+：虛擬世界與哲學問題》（*Reality+: Virtual Worlds and the Problems of Philosophy.*）、《意識之心》（*The Conscious Mind*）、《意識諸相》（*The Character of Consciousness*）等

參考項目：
6-5

大衛・朗西曼

生卒年：
1967- 年

出生地點或活躍地點：
英國

頭銜：
政治哲學家

思想：
政治哲學

「民主主義
正走向末路。」

朗西曼主要研究二十世紀的政治思想，特別是民主主義與危機的相關思想，以及科技在現代政治中所扮演的角色。

他成立一個研究民主未來的中心，隸屬貝內特公共政策研究所，針對兒童和年輕人舉辦一些聚焦於民主主義的活動。

他預言**民主終將結束**，但不是因為革命，而是「**逐漸被科技接管**」。

著作：
《民主會怎麼結束》（*How Democracy Ends*）等

參考項目：
2-2

手塚治蟲

生卒年：
1928-1989年

出生地點或活躍地點：
日本

頭銜：
漫畫家 動畫家
醫學博士

思想：
現代思想

「人類為了活到明天，已經活過了數萬年的今天。」

手塚治蟲的本名為手塚治。

他是日本漫畫界傳奇人物，被譽為「**漫畫之神**」，特別的是他擁有醫學博士資格。

他創作了許多故事漫畫，將漫畫提昇至成人也能欣賞的藝術形式。而《火之鳥》、《佛陀》等，可說是以漫畫演繹深刻思想的作品。

此外，他還以日本第一部電視動畫系列《原子小金剛》，在動畫界留下輝煌足跡。

著作：
《佛陀》（ブッダ）、《怪醫黑傑克》（ブラック・ジャック）、《火之鳥》（火の鳥）等

參考項目：
5-4

戴維・阿姆斯特朗

生卒年：
1926-2014 年

出生地點或活躍地點：
澳大利亞

頭銜：
哲學家 功能主義學家
事實主義學家

思想：
現代哲學

「心靈的狀態只不過是一種功能。」

阿姆斯特朗以形上學和心靈哲學領域的研究聞名，也是**功能主義**的倡導者。

他主張，心靈或意識的本質在於其功能，如果能夠加以重現，那麼心靈和意識也就成立了。這種哲學屬於廣義上的**自然主義**（Naturalism），認為所有存在物都存在於時空中，即我們所謂的物理世界中。

這種主張具有排除自柏拉圖以來的抽象概念的傾向。

著作：
《心靈唯物論》（*A Materialist Theory of the Mind*）、《現代普遍爭議入門》（*Universals: an opinionated introduction*）等

參考項目：
3-1

黛博拉・林恩・羅德

生卒年：
1952-2021 年

出生地點或活躍地點：
美國

頭銜：
法律倫理學家

思想：
倫理學

「對於涉及自我認同的問題，我們無法做出公正的決斷。」

　　羅德是法律倫理和法律專業責任領域的權威之一。

　　她從自身經驗批評外貌歧視，即「**外貌主義**」。主張之所以不容外貌歧視，不僅因為它悖離了機會均等原則而侵犯個人尊嚴，且會助長因性別導致的各種不公平現象，進而**危害個人自我表現的權利**。

著作：
《美麗偏見》（*The Beauty Bias: The Injustice of Appearance in Life and Law*）

參考項目：
1-2

西田幾多郎

生卒年：
1870-1945 年

出生地點或活躍地點：
日本

頭銜：
京都學派創始人

思想：
京都學派及其相關流派

「應該用接受事物本來樣貌的心境去接受死亡。」

西田幾多郎身為京都帝國大學（現在的京都大學）教授，與許多學生和同事一起建立了日本獨特的哲學，因此被稱為**京都學派的創始人**。

他經常漫步哲思的步道，稱為「**哲學之道**」，已是知名旅遊勝地。

西田哲學的特色是，在西方思想中融入自己所踐行的禪宗思想，獨具個性。其著作《善的研究》論述主客未分的純粹經驗議題，十分深奧難懂，卻成為當時的暢銷書籍。

此外，相對於西洋哲學的「有」，他透過「**絕對無**」的概念，找出東洋哲學「無」的思想獨特性。

著作：
《善的研究》（善の研究）、《思索與體驗》（思索と体験）等

參考項目：
5-4

尼克・斯尼切克

生卒年：
1982- 年

出生地點或活躍地點：
加拿大

頭銜：
思想家　作家

思想：
現代哲學

「應利用科技來減少勞動時間。」

斯尼切克提倡**左派政治理論**。

他的主張與**加速主義**哲學有關。二〇一三年，他與亞歷克斯・威廉斯（Alex Williams）共同在網路上發表〈加速：加速主義政治宣言〉（Accelerate: Manifesto for an Accelerationist Politics）一文，影響廣泛。

著作：
《平台資本主義》（*Platform Capitalism*）、《創造未來》（*Inventing the Future*）等

參考項目：
2-5

266

尼克・伯斯特隆姆

生卒年：
1973- 年

出生地點或活躍地點：
瑞典

頭銜：
哲學家

思想：
現代哲學

「你活在電腦模擬之中。」

　　伯斯特隆姆不僅從事學術研究，也經常出現在媒體上，以哲學角度對最新科技提出種種質問。

　　例如克隆[※1]、人工智慧、精神轉移、人體冷凍保存，甚至涵蓋模擬實境[※2]等問題。

　　他強烈主張**超人類主義**思想，對以科技來促進人類進化持高度肯定態度，成立了世界超人類主義協會，並擔任會長。

※1 克隆：Cloning，製造具有相同基因型態的細胞集合體（克隆）的過程。
※2 模擬實境：Simulated Reality，透過電腦技術，模擬出與真實世界無法區分的情境。

著作：
《超智慧：AI 風險的最佳解答》（*Superintelligence: Paths, Dangers, Strategies*）、《全球災難性風險》（*Global Catastrophic Risks*）、《人體增強》（*Human Enhancement*）等

參考項目：
3-5

保羅‧克魯琛

生卒年：
1933-2021 年

出生地點或活躍地點：
荷蘭

頭銜：
氣象學家　大氣化學家
諾貝爾化學獎得主

思想：
其他學術領域

「人類世。」

　　克魯琛是一位相當成功的大氣化學家，並獲得諾貝爾化學獎殊榮。專業領域是臭氧層空洞的研究。

　　他在二〇〇〇年「國際地圈生物圈計畫」（IGBP）的會報中，強調了人類在地質學和生態學中的重要性，並宣稱我們已經進入一個新的地質時代——**人類世**。

　　人類世又譯作「**人新世**」，已成為當今環境倫理學的關鍵字。

著作：
《氣候變動》（*Atmospheric Change: An Earth System Perspective*）、《永續發展的地球系統分析》（*Earth System Analysis For Sustainability*）等

參考項目：
4-3

伯特蘭・羅素

生卒年：
1872-1970 年

出生地點或活躍地點：
英國

頭銜：
哲學家　數學家　政治運動家
諾貝爾文學獎得主

思想：
分析哲學

「有了興趣，心情就能向外擴展。」

　　羅素出身名門貴族，祖父約翰・羅素曾經二度出任英國首相。他在劍橋大學學習數理哲學——透過哲學來建立數學基礎，並與英國數學家阿爾弗雷德・諾斯・懷德海（Alfred North Whitehead）一起發表名著《數學原理》（*Principia Mathematica*）。

　　然而，在研究哲學之餘，他逐漸對政治產生興趣，並且參加選舉。晚年致力於和平運動，發表了**「羅素－愛因斯坦宣言」**（Russell–Einstein Manifesto），並榮獲諾貝爾文學獎。另一本著作《幸福之路》也相當有名。

著作：
《幸福之路》（*The Conquest of Happiness*）、《凡人與其他》（*Mortals and Others*）等

參考項目：
1-3

漢娜‧鄂蘭

生卒年：
1906-1975 年

出生地點或活躍地點：
美國

頭銜：
現代思想家　哲學家
現代公共哲學之母

思想：
政治哲學

「邪惡是平庸的。」

　　鄂蘭在德國出生，但因為是猶太人而被迫逃亡避難。曾師事馬丁‧海德格和卡爾‧雅斯培，深受兩人影響，同時針對極權主義的發生機制進行分析，因而引起關注。

　　她在著作《人的條件》中，把人類活動分為**勞動**（labor）、**工作**（work）和**行動**（action）三種類型。

　　此外，她在旁聽納粹高官阿道夫‧艾希曼的審判時，意識到**惡的界限模糊不清**，進而論述：沒有思考能力的人更容易陷入邪惡。

著作：
《平凡的邪惡：艾希曼耶路撒冷大審紀實》（*Eichmann in Jerusalem: A Report on the Banality of Evil*）、《極權主義的起源》（*The Origins of Totalitarianism*）、《人的條件》（*The Human Condition*）等

參考項目：
5-2、6-3

布萊恩・D・厄普

生卒年：
1985- 年

出生地點或活躍地點：
英國

頭銜：
倫理學家

思想：
倫理學

「性別可以自由選擇。」

厄普在牛津大學和耶魯大學從事研究，是一位備受注目的倫理學家新秀。

他跨足多個領域，從認知科學到性研究都有涉獵。

最著名的是關於**愛與藥物的論述**。他主張，某些處方藥可以幫助人們愛人或停止愛人，此一觀點引發了爭議。

著作：
《性與性別哲學手冊》（*The Routledge Handbook of Philosophy of Sex and Sexuality*）

參考項目：
2-4

柏拉圖

生卒年：
B.C.427-B.C.347 年左右

出生地點或活躍地點：
希臘

頭銜：
哲學家

思想：
古希臘哲學

「有了愛，人人皆可成爲詩人。」

柏拉圖以身為**蘇格拉底的門徒**而聞名。

他在四十歲左右，創立了知名的柏拉圖學院。

在思想方面，他主張相對於現實世界，還存在一個完美理想的「理型」世界，因此被視為理想主義者。

他將追求事物本來樣貌——即**理型（理想）**——的動力稱為「**愛欲**」（Eros）。

另一方面，他提出基於四樞德（Four Cardinal Virtues，智德、義德、勇德和節德）的政治思想，並宣揚由哲人統治的理想國論述。

著作：
《論愛美與哲學修養：柏拉圖 《會飲篇》》（*The Symposium*）、《蘇格拉底的申辯》（*The Apology of Socrates*）、《理想國》（*Politeia*）等
參考項目：
6-2

弗里德里希·尼采

生卒年：
1844-1900 年

出生地點或活躍地點：
德國

頭銜：
哲學家

思想：
存在主義

「什麼是惡？一切源於軟弱的事物。」

尼采出身名門，是德國神學家馬丁·路德派牧師的長子。他在大學學習古典文獻學後，二十多歲時擔任巴塞爾大學教授。

然而，因為生病的關係，他只在大學待了十年左右就離開，專心寫作。

在思想上，他在著作《查拉圖斯特拉如是說》中將基督教定位為奴隸道德，宣布「**上帝已死**」。此外，他認為人類歷史上所有事件都會不斷重複發生，主張透過自我超越和堅定的意志來面對這種「**永劫回歸**」的狀態。

著作：
《善惡的彼岸》（*Jenseits von Gut und Böse*）、《悲劇的誕生》（*Die Geburt der Tragödie aus dem Geiste der Musik*）、《查拉圖斯特拉如是說》（*Also sprach Zarathustra*）等

參考項目：
1-1、6-3

布魯諾・拉圖

生卒年：
1947-2022 年

出生地點或活躍地點：
法國

頭銜：
哲學家　人類學家
社會學家

思想：
現代哲學

「必須承認
戰爭狀態。」

　　拉圖的專業領域是科學社會學和科學人類學。他以獨特的科學社會學思想「**行動者網絡理論**」（ANT）受到注目，堪稱是二十一世紀人文社會科學領域中最具影響力的人物之一。

　　他的傑出貢獻在於**跳脫「主體－客體」（「社會－自然」）這種現代二分法**。被畫分為現代的這個時代，已經產生很多不符合這種二分法的混雜概念，但是卻被「現代」這個概念工具巧妙地隱蔽起來。他致力於重新檢證這種二分法框架，以開拓出新的可能性。

著作：
《世界的戰爭：和平又如何？》（*Guerre des mondes: offre de paix*）、《重組社會：行動者網絡理論入門》（*Reassembling the Social: An Introduction to Actor-Network-Theory*）等

參考項目：
2-3

貝蒂娜・舍內－塞弗特

生卒年：
1956- 年

出生地點或活躍地點：
德國

頭銜：
醫療倫理學家

思想：
倫理學

　　舍內－塞弗特從**倫理多元主義**的立場出發，支持在某些特定情況下，容許使用胚胎著床前診斷技術。原因在於她認為：**人在面對選擇時，擁有不被迫承受不當負擔的權利。**

　　最近，她也基於同樣觀點，對生殖細胞系列基因編輯議題，表達容許在限定條件下進行的自由主義立場。

著作：
論文〈對人類生殖細胞的基因編輯研究〉（Genscheren-Forschung an der menschlichen Keimbahn）、《幫他人死亡：我們可以嗎？》（*Beim Sterben helfen: dürfen wir das?*）等

參考項目：
3-5

亨利・舒

生卒年：
1940- 年

出生地點或活躍地點：
美國

頭銜：
政治哲學家

思想：
政治哲學

「擴大全球
公民意識。」

舒被認為是「**國際規範理論**」領域的先驅者。

他進行了關於國際關係中的人權，特別是經濟權利角色和保護弱勢群體制度的研究。

尤其在一九八〇年代，他研究了核武戰略的道德性，然後在一九九〇年代開始探討與氣候變化有關、在國際協商中產生的正義（**氣候正義**）問題。

目前，他主要致力於研究並呼籲應盡速擬定政策以排除化石燃料。

著作：
論文〈必須的排碳量與奢侈的排碳量〉（Subsistence Emissions and Luxury Emissions）、《基本權利：生存、富裕和美國外交政策》（*Basic Rights: Subsistence, Affluence, and U. S. Foreign Policy*）等

參考項目：
4-3

邁克爾・沃爾澤

生卒年：
1935- 年

出生地點或活躍地點：
美國

頭銜：
政治哲學家

思想：
政治哲學

　　沃爾澤與麥可・桑德爾等人被視為**社群主義（共同體主義）**的辯論家之一。

　　隨著正義戰爭論的復興，他於一九七〇年代撰寫了《正義與非正義戰爭》一書，探討有關正義戰爭所需的條件和規則，引起了廣泛關注。

　　他聲稱，在使戰爭合理化時，需要滿足兩個條件：**進行戰爭的正義**，以及**戰爭中實現的正義**。

著作：
《正義與非正義戰爭》（*Just and Unjust Wars*）、《正義諸領域》（*Spheres of Justice：A Defense of Pluralism and Equality*）、《闡釋和社會批判》（*Interpretation and Social Criticism*）

參考項目：
2-3

麥可・桑德爾

生卒年：
1953- 年

出生地點或活躍地點：
美國

頭銜：
政治哲學家

思想：
政治哲學

「一起來討論何謂正義吧。」

桑德爾站在**社群主義（共同體主義）**的立場，主張有必要進行道德討論。二〇一〇年日本NHK播出《哈佛白熱教室》節目，讓這種討論在日本掀起話題。

他批評當時引領風騷的自由主義理論家約翰・羅爾斯的《正義論》，引起了所謂的**自由主義與社群主義之爭**而聲名大噪。

近年來，他則是對市場道德和能力主義等問題發表相關看法。

著作：
《麥可・桑德爾的大震災特別講座》（マイケル・サンデル大震災特別講義）、《自由主義與正義的局限》（*Liberalism and the Limits of Justice*）、《正義》（*Justice: What's the Right Thing to Do?*）、《成功的反思》（*The Tyranny of Merit: What's Become of the Common Good?*）等

參考項目：
2-1、4-2

馬庫斯·加布里埃爾

生卒年 ：
1980- 年

出生地點或活躍地點 ：
德國

頭銜 ：
哲學家

思想 ：
現代哲學

「心不等同於大腦。」

加布里埃爾是德國歷史上最年輕的哲學教授，被譽為**新銳天才**。他推廣一種名為**新實在論**或新現實主義的立場，企圖更新傳統的德國觀念論。

除了在學術界取得成就外，他還撰寫許多大眾取向的作品，例如《為什麼世界不存在》等暢銷書。因此，他已成為媒體關注度極高的「**哲學搖滾巨星**」。

近來，他致力於呼籲市場倫理的必要性。

著作 ：
《我非我腦》（*Ich ist nicht Gehirn: Philosophie des Geistes für das 21*）、《黑暗時代的道德進步》（*Moralischer Fortschritt In Dunklen Zeiten*）、《為什麼世界不存在》（*Warum es die Welt nicht gibt*）、《新現實主義》（*Der Neue Realismus*）等

參考項目 ：
3-1、3-3、5-3、6-5

馬丁・海德格

生卒年：
1889-1976 年

出生地點或活躍地點：
德國

頭銜：
哲學家

思想：
存在主義

「接受人類注定會死的宿命，這樣才能努力活著。」

　　海德格受到德國哲學家埃德蒙德・胡塞爾（Edmund Husserl）的現象學影響，是第一個全面探究**存在**意義的人。

　　他提出「**在世存有**」概念，認為存在這個世界上的我們已經迷失了本來的自我，因此主張我們應該意識到死亡是他人無法替代的，我們是**走向死亡的存在**，即「**此在**」（Dasein）。

　　他還發明「**集置**」（Gestell）這個新詞，意指人類被科技所驅使，這一論點也對當代科技理論產生了影響。

著作：
《技術的追問》（*Die Frage nach der Technik*）、《存在與時間》（*Sein und Zeit*）、《形而上學導論》（*Einführung in die Metaphysik*）等

參考項目：
4-4、5-4、6-5

馬素‧麥克魯漢

生卒年：
1911-1980 年

出生地點或活躍地點：
加拿大

頭銜：
英國文學家　文明批評家
媒體學家

思想：
其他學術領域

「媒體即訊息。」

　　麥克魯漢是在媒體研究上的重要人物之一，他從各種角度提出了**創新的媒體理論。**

　　通常，媒體指傳播訊息的媒介，人們會關注媒體所傳播的訊息內容；但他認為媒體本身即意味著某種訊息，因此提出主張：「**媒體即訊息。**」

　　此外，他還將媒體做了「冷」、「熱」之分，並預言出網際網路而提出「**地球村**」觀點，發展出非常多的新理論。

著作：
《地球村：21 世紀生命與媒體的轉換》（*The Global Village: Transformations in World Life and Media in the 21st Century*）、《認識媒體：人的延伸》（*Understanding Media: the Extensions of Man*）、《媒體即訊息》（*The Medium is the Massage*）

參考項目：
3-2

三木清

生卒年：
1897-1945 年

出生地點或活躍地點：
日本

頭銜：
哲學家

思想：
京都學派及其相關流派

「另一種方式的生活。」

　　三木清讀過西田幾多郎的《善的研究》後，深受啟發，進入京都帝國大學（現在的京都大學）哲學系，並成為**西田幾多郎的弟子**。

　　他在法國留學期間，迷上法國哲學家布萊茲・帕斯卡爾（Blaise Pascal）的《思想錄》（*Pensées*），回國後發表第一部著作《帕斯卡爾的人類研究》。

　　後來因為與女性發生醜聞而離開京都，以法政大學教授身分前往東京。雖又因為擁護馬克思主義而丟掉職務，但成功構建出**自己獨特的歷史哲學、與構想力相關的哲學**。

　　最終不幸因涉嫌包庇友人而遭警方逮捕，在監獄中死亡。

著作：
《人生論筆記》（人生論ノート）、《帕斯卡爾的人類研究》（パスカルにおける人間の研究）等

參考項目：
1-3

米歇爾・傅柯

生卒年：
1926-1984 年

出生地點或活躍地點：
法國

頭銜：
哲學家　思想家

思想：
後結構主義

「有力量的地方就有抵抗。」

　　傅柯是一名同性戀者，儘管為此受了許多苦，他仍持續分析並批判權力機制，最終走到了**存在主義美學**。

　　他擔任法蘭西公學院的教授後，就積極參與政治鬥爭運動。

　　一九八〇年代，他挺身支持越南難民和波蘭團結工聯。但他不是以宣揚政治意識形態為目的，沒有擺出高姿態來展示自己的專業知識，而是以專家的身分來處理個別的問題。

著作：
《肉體的告白》（*Histoire de la sexualité, IV : Les aveux de la chair*）、《詞與物》（*Les Mots et les Choses*）、《監視與懲罰：監獄的誕生》（*Surveiller et punir: naissance de la prison*）、《古典時代瘋狂史》（*Histoire de la folie à l'âge classique*）等

參考項目：
2-4

米爾恰・伊利亞德

生卒年：
1907-1986 年

出生地點或活躍地點：
羅馬尼亞

頭銜：
宗教學家　民俗學家
歷史哲學家　作家

思想：
其他學術領域

「人類是宗教的生物。」

　　伊利亞德是一位宗教學家，但也以小說家身分聞名。

　　他精通八種語言，這份才能無疑是研究上的一大助力。他的宗教思想，與他長期待在印度並受其影響息息相關，特色在於探索**神聖事物**的顯現方式，也就是符號及符號的意義。

　　結果，他提出「**宗教人**」的概念，主張人類是一種宗教的生物。

著作：
《麥特蕾伊》（*Maitreyi*）、《誕生與重生》（英文書名：*Birth and Rebirth: The Religious Meanings of Initiation in Human Culture*）、《聖與俗》（德文書名：*Das Heilige und das Profane. Vom Wesen des Religiösen*）等

參考項目：
5-5

瑪麗・道格拉斯

生卒年：
1921-2007 年

出生地點或活躍地點：
英國

頭銜：
社會人類學家　思想家
文化人類學家

思想：
其他學術領域

「骯髒和汙穢
是一樣的。」

道格拉斯的專業領域是象徵人類學和比較宗教學。

她以一九六六年出版的《潔淨與危險》一書中提出的汙穢理論而聞名，被譽為二十世紀文化人類學代表人物之一。

該書成為全球暢銷書，確立了她在學術界的聲望。她用**觀念論**來描述人們具有一種特性——對處於灰色地帶的各種事情和現象感到厭惡。

此外，她在一九八二年與美國政治學家艾倫・威爾達夫斯基（Aaron Wildavsky）合著的《危機與文化》（*Risk and Culture*）一書中，首次從社會學和文化人類學的角度展開風險論的討論，並拓展出結構主義的研究之路，對其他人文科學和社會科學產生了廣泛的影響。

著作：
《潔淨與危險》（*Purity and Danger: An Analysis of Concept of Pollution and Taboo*）、《自然象徵：對宇宙觀的探索》（*Natural Symbols: Explorations in Cosmology*）等

參考項目：
4-1

莫妮克‧維蒂格

生卒年：
1935-2003 年
出生地點或活躍地點：
法國
頭銜：
作家　女性主義理論家
思想：
女性主義

「女同性戀者並非女人。」

維蒂格是**女性解放運動（MLF）**的創始人之一。

她們在凱旋門下為無名戰士的妻子敬獻花束，這一行動被視為法國女性主義運動誕生的象徵。她的著作《女游擊戰士》則被譽為女同性戀、女性主義的里程碑作品。

從思想上來看，她自稱是**激進的女同志**，並宣稱：「**性別差異本來就不存在。**」正因此一觀點，現代女性主義運動才得以快速發展。

著作：
《孩子的領域》（*L'Opoponax*）、《女游擊戰士》（*Les Guerilleres*）等
參考項目：
2-4

揚－威爾納・穆勒

生卒年：
1970- 年

出生地點或活躍地點：
德國

頭銜：
政治思想家

思想：
政治哲學

「危機是一個解釋的問題。」

　　穆勒主要研究歐洲政治思想史。尤其重視民主主義，**對於**近年來與之相對的**民粹主義不斷擴張表示擔憂**。根據他的說法，民粹主義的本質在於**反多元主義**，不承認除自己立場以外的其他觀點。

　　他不僅在學術書中發表見解，也在《紐約時報》等各種媒體上積極發言。

著作：
《解讀民粹主義》（*Was ist Populismus?*）、《民主爭論：二十世紀歐洲的政治觀念》（*Das demokratische Zeitalter*）等

參考項目：
2-2

于爾根‧哈伯瑪斯

生卒年：
1929- 年

出生地點或活躍地點：
德國

頭銜：
哲學家

思想：
政治哲學

「宗教公民和世俗公民必須一點一點相互妥協。」

哈伯瑪斯年少時曾加入希特勒青年團。這個經驗讓他開始批評現代的工具理性（Instrumental rationality），進而提出**溝通理性**（Communicative rationality）。

此外，他認為社會系統正在形成生活世界的殖民化，因此呼籲開放式討論的重要性，實際上，他也積極參與辯論。

他在著作《公共領域的結構轉型》（*Strukturwandel der Offentlichkeit*）中，對公共領域概念進行現代意義上的闡述。他特別關注市民社會作為公共領域存在的問題，堪稱是**奠定現代公共哲學基礎**的人物。

著作：
《溝通行動理論》（*Theorie des kommunikativen Handelns*）、《事實與效力》（*Faktizität und Geltung*）等

參考項目：
5-5

約翰‧赫伊津哈

生卒年：
1872-1945 年

出生地點或活躍地點：
荷蘭

頭銜：
語言學家　歷史學家　文明批評家

思想：
其他學術領域

「遊戲的人。」

　　赫伊津哈原本從事梵文經典研究，後來轉為歷史研究，在文化史、精神史方面有獨特的成就。

　　他提出「**遊戲的人**」觀點，主張遊戲是人類活動的本質，亦是文化誕生的根源，並以此觀點聞名。

　　晚年因批判納粹而被關進集中營，釋放後仍遭軟禁直到去世。

著作：
《中世紀的衰落》（*Herbst des Mittelalters*）、《遊戲的人》（*Homo Ludens*）等

參考項目：
1-1

勒內・笛卡兒

生卒年：
1596-1650 年

出生地點或活躍地點：
法國

頭銜：
哲學家 數學家 科學家
歐陸理性主義之父

思想：
歐陸理性主義

「我思故我在。」

　　笛卡兒發現唯一不容置疑的是自己的意識，並以此**奠定現代哲學的基礎**。

　　這種思想最知名的陳述便是名句「**我思故我在**」（Cogito, ergo sum）。

　　此外，他提出了**身心二元論**，認為心靈和身體是不同的東西，並試圖揭示心靈問題。

　　除了哲學之外，他在數學、自然科學、生理學等各種領域也取得了相當的成就。

　　此外，他還撰寫被稱為近代情感論經典的《論靈魂的激情》，旨在揭示人類情感的機制。

著作：
《談談方法》（*Discours de la méthode*）、《論靈魂的激情》（*Les Passions de l'âme*）等

參考項目：
3-1、6-2

路德維希・維根斯坦

生卒年：
1889-1951年

出生地點或活躍地點：
奧地利

頭銜：
哲學家

思想：
分析哲學

「世界是一切發生的事情。」

維根斯坦在英國拜哲學家伯特蘭・羅素為師，才華獲得肯定。他的哲學思想可以分為前期思想和後期思想。**前期思想**認為哲學僅是言語的分析，**後期思想**則主張言語的意義只有在上下文中才能確定。他被譽為另類天才，才華洋溢。

除了在大學從事研究外，他還曾做過士兵、護士、小學教師等不同職業。他的研究**對於後來分析哲學的發展影響卓著**。

著作：
《邏輯哲學論叢》（*Tractatus Logico-philosophicus*）、《哲學研究》（*Philosophische Untersuchungen*）等

參考項目：
6-5

路德維希・西普

生卒年：
1942- 年

出生地點或活躍地點：
德國

頭銜：
倫理學家

思想：
倫理學

「善良整體的構想。」

　　西普曾任德國政府生命倫理委員會委員和主席。

　　他的研究領域主要是以黑格爾為中心的**德國觀念論哲學**，特別是其實踐哲學的部分，以及建立在這些基礎上的生命倫理學。

　　他以「**善良整體的構想**」這種價值觀為前提——即強調應將倫理判斷和行為建立在對整體善良的構想上，並且符合社會、共同體或整體的利益——對自然性的概念做了靈活的解釋。

著作：
《承認作為實踐哲學的原則》（*Anerkennung als Prinzip der praktischen Philosophie*）、《應用倫理學》（*Konkrete Ethik*）等

參考項目：
3-5

羅傑・卡尤瓦

生卒年：
1913-1978年

出生地點或活躍地點：
法國

頭銜：
文藝批評家　社會學家
哲學家　思想家

思想：
其他學術領域

「玩樂和勝負。」

　　卡尤瓦以《遊戲與人》一書聞名，該書受約翰・赫伊津哈的《遊戲的人》影響而寫成。他除了探討遊戲外，也論述神話、戰爭、夢等各種主題。

　　當時，他**致力於儀式和共同性力量的研究**，以對抗當時流行的超現實主義（Surrealism）。

　　在他死後，人們設立「羅傑・卡尤瓦獎」以紀念他的貢獻。

著作：
《遊戲與人》（*Jeux Et Les Hommes*）等

參考項目：
1-1

隆納‧L‧山德勒

生卒年：
1972- 年

出生地點或活躍地點：
美國

頭銜：
哲學家　倫理學家

思想：
倫理學

　　山德勒的主要研究領域包括環境倫理學、倫理學與新技術、倫理學理論，以及荷蘭哲學家巴魯赫‧史賓諾沙（Baruch Spinoza）。曾獲得美國東北大學的優秀教育獎。

　　他從環境德行倫理學的角度出發，主張**人類應該改變對大自然的態度**。

著作：
《食物倫理入門》（*Food Ethics: The Basics*）、《性格與環境：美德導向的環境倫理學方法》（*Character and Environment: A Virtue-oriented Approach to Environmental Ethics*）等

參考項目：
4-3

和辻哲郎

生卒年：
1889-1960 年

出生地點或活躍地點：
日本

頭銜：
哲學家　倫理學家

思想：
京都學派及其相關流派

「圍繞爐灶的生活。」

　　和辻哲郎被譽為日本倫理學之父，他的倫理學體系又稱為**和辻倫理學**。

　　他應西田幾多郎的邀請前往現今的京都大學，與西田等人交流並進行哲學思考，因此可說是屬於京都學派的分支。他的哲思範圍廣泛，從文化到政治經濟均有涉獵。

　　和辻倫理學的特點在於，從與他人的各種關係中來看待每一個人。

　　此外，他在著作《風土》中，以地方氣候影響為由，解釋了日本人特有的順從性格，並成功地凸顯出這項獨特性。他對日本文化也有深入研究，並留下許多關於日本文化的散文作品，如《古寺巡禮》等。

著作：
《和辻哲郎隨筆集》（和辻哲郎随筆集）、《倫理學》（倫理学）、《古寺巡禮》（古寺巡礼）、《風土》（風土）等

參考項目：
1-2、1-3、5-3

後記

各位對於用哲學探索你我身邊的事物，有何感想呢？

是不是感到驚訝：原來日常生活中所聽到的話、看到的事物，都可以成為哲學主題，都可以進行哲學探索！

實不相瞞，我也感到相當驚訝。

起初，我只是隨意列出身邊的主題和關鍵字，再找出相關的哲學知識，但後來發現，無論什麼樣的主題，都很容易與七十六位哲學家的思想連結起來。

果然，歷來所有哲學家們似乎都在探索世界萬物背後的真理。

透過這個過程，我自己也得以對這些主題進行哲學探索。

希望本書能提供大家一個探索的機會，因為除此之外，很難有其他機會去深入探討幸福或自由的本質等問題。

書中特別設計了「**你的看法**」一欄，如果將這些看法條列出來，不僅可以了解你對各個問題的看法，還能歸納出共同的**價值觀**。

儘管事情形形色色，但每個人都是以大致相同的觀點在看待事物。其實，這些觀點就是**一個人的思想、一個人的哲學**。

請再次從這個角度審視每個主題下的「你的看法」，也就是你的答案。那裡肯定有你之前不知道的自己——**一個確實擁有中心思想的哲學家身影**。

　　本書出版承蒙許多人的鼎力相助，特別是從企畫階段到校對期間，始終堅定支持我的「Asa 出版」的吉盛繪里加女士，謹在此表達我的感謝之意。

　　最後，感謝各位的閱讀。

二〇二二年十月吉日

小川仁志

※編按：於此列出的為作者參考的日文版書籍，內文提及的非日文書，已隨文標示原文書名。

第1章　探索日常生活中的哲學

- 約翰‧赫伊津哈《遊戲的人》（ホモ‧ルーデンス）高橋英夫（譯）中央公論新社 2019年
- 艾力‧賀佛爾《什麼是人？》（エリック‧ホッファーの人間とは何か）田中淳（譯）河出書房新社 2003年
- 弗里德里希‧尼采《查拉圖斯特拉如是說 上、下》（ツァラトゥストラはこう言った 上‧下）上英廣（譯）岩波書店 1967年、1970年
- 羅傑‧卡尤瓦《遊戲與人》（遊びと人間）多田道太郎、塚崎幹夫（譯）講談社 1990年
- 坂部惠（編）《和辻哲郎隨筆集》（和辻哲郎随筆集）岩波書店 1995年
- 黛博拉‧林恩‧羅德《美麗偏見》（キレイならいいのか）栗原泉（譯）亞紀書房 2012年
- 伊曼紐爾‧列維納斯《整體與無限 上、下》（全体性と無限 上‧下）熊野純（譯）岩波書店 2005年、2006年
- 三木清《人生論筆記》（人生論ノート）新潮社 1978年
- 《羅素 幸福之路》（ラッセル 幸福論）安藤貞雄（譯）岩波書店 1991年
- 約翰‧洛克《完整譯本 政府二論》（完訳 統治二論）加藤節（譯）岩波書店 2010年
- 卡爾‧馬克思《資本論(一)～(九)》（資本論(一)～(九)）恩格斯（編）向坂逸郎（譯）岩波書店 1969～1970年
- 格奧爾格‧齊美爾《齊美爾文集》（ジンメル コレクション）北川東子（編譯）鈴木直（譯）筑摩書房 1999 年
- 內山勝利、神崎繁、中畑正志（編）《亞里斯多德全集7：關於靈魂 自然學小論集》（アリストテレス全集7：魂について 自然学小論集）岩波書店 2014年
- 卡爾‧希爾蒂《不眠之夜 第一部～第二部》（眠られぬ夜のために 第一部～第二部）草間平作、大和邦太郎（譯）岩波書店 1948年
- 西格蒙德‧佛洛伊德《佛洛伊德談夢》（フロイト、夢について語る）中山元（譯）光文社 2021年

第2章　探索社會上的哲學

- 《亞里斯多德 尼各馬可倫理學 上、下》（アリストテレス ニコマコス倫理学 上‧下）高田三郎（譯）岩波書店 1971年、1973年
- 約翰‧羅爾斯《正義論 訂正版》（正義論 改訂版）川本隆史、福間聰、神島裕子（譯）紀伊國屋書店 2010年
- 麥可‧桑爾德《正義：一場思辨之旅》（これからの「正義」の話をしよう：いまを生き延びるための哲学）鬼澤忍（譯）早川書房 2011年
- 《亞里斯多德 政治學》（アリストテレス 政治学）山本光雄（譯）岩波書店 1961年
- 大衛‧朗西曼《民主會怎麼結束》（民主主義の壊れ方 クーデタ‧大惨事‧テクノロジー』）若林茂樹（譯）白水社 2020年
- 揚─威爾納‧穆勒《解讀民粹主義》（ポピュリズムとは何か）板橋拓己（譯）岩波書店 2017年
- 邁克爾‧沃爾澤《正義與非正義戰爭》（正しい戦争と不正な戦争）萩原能久（監譯）風行社 2008年
- 布魯諾‧拉圖《世界的戰爭：和平又如何？》（諸世界の戦争：平和はいかが？）工藤晉（譯）以文社 2020年
- 伊曼努爾‧康德《永久和平論》（永遠平和のために）宇都宮芳明（譯）岩波書店 1985年
- 西蒙‧波娃《決定版 第二性Ｉ 事實與神話》（決定版 第二性Ｉ 事實神話）《第二性》原文讀

書會（譯） 新潮社 2001年
- 西蒙・波娃《決定版 第二性 II 體驗（上、下）》（決定版　第二の性 II　体験（上・下）） 《第二性》原文讀書會（譯） 新潮社 2001年
- 莫妮克・維蒂格《女游擊戰士（新世界文學）》（女ゲリラたち（新しい世界の文学） 小佐井信二 （譯） 白水社 1973年
- 朱迪斯・巴特勒《性／別惑亂：女性主義與身分顛覆》（ジェンダー トラブル―フェミニズムとアイ デンティティの攪） 竹村和子（譯） 青土社 2018年
- 《哲學家看世界》（*Philosophers Take on the World*） David Edmonds（編） 牛津大學出版社 2016年
- 米歇爾・傅柯《性史IV 肉體的告白》（性の歴史IV　肉の告白） 弗雷德里克・格羅（編） 慎改 康之（譯） 新潮社 2020年
- 齋藤幸平《人類世的「資本論」》（『人新世の「資本論」） 集英社 2020年
- 斯拉維・紀傑克《大流行病2 COVID-19 與失落的時光》（パンデミック2　COVID-19と失われた 時） 岡崎龍（監修、解說） 中林敦子（譯） P-VINE 2021年
- 《現代思想2019年6月號 特別報導 加速主義：資本主義的疾馳，未來的〈逃脫〉》（現代思想 2019年6月　特集＝加速主義：資本主義の疾走、未 への＜ 出＞） 青土社 2019年

第3章 探索科技上的哲學

- 勒內・笛卡兒《談談方法》（方法序說） 谷川多佳子（譯）　岩波書店 1997年
- 戴維・阿姆斯特朗《心靈唯物論》（心の唯物論）　鈴木登（譯）　勁草書房 1996年
- 馬庫斯・加布里埃爾《我非我腦：21世紀的精神哲學》（「私」は ではない：21世紀のための精 神の哲学）　姬田多佳子（譯）　講談社 2019年
- 馬素・麥克魯漢、布魯斯・R・鮑瑞斯《地球村：21世紀生命與媒體的轉換》（グローバル ヴィレ ッジ：21世紀の 生とメディアの　換）　淺見克彥（譯）　青弓社 2003年
- 伊萊・帕理澤《搜尋引擎沒告訴你的事》（閉じこもるインターネット―グーグル・パーソナライ ズ・民主主義）　井口耕二（譯）　早川書房 2012年
- 凱斯・桑思坦《標籤：社交媒體時代的眾聲喧譁》（＃リパブリック―インターネットは民主主義に なにをもたらすのか）　伊達尚美（譯）　勁草書房 2018年
- 馬庫斯・加布里埃爾《黑暗時代的道德進步》（つながり過ぎた世界の先に）大野和基（採訪、編 輯）　田亞樹（譯）　PHP研究所 2021年
- 古斯塔夫・勒龐《烏合之眾：大眾心理研究》（群衆心理）　櫻井成夫（譯）　講談社 1993年
- 伊利亞斯・卡內提《群眾與權力 上、下》（群衆と 力　上・下）　岩田行一（譯）　法政大學出版 局 1971年、2010年
- 納富信留《希臘哲學史》（ギリシア哲学史）　筑摩書房 2021年
- 子安宣邦《仁齋學講義――讀《語孟字義》》（仁 學講義――『語孟字義』を読む）ぺりかん社 2015年
- 哥特佛萊德・萊布尼茲《單子論》（モナドロジー・形而上学叙説）清水富雄、竹田篤司、飯塚勝 久（譯）　中央公論新社 2005年
- 《應用倫理學》（ジープ応用倫理学）　廣島大學應用倫理學計畫研究中心（譯）　山內廣隆（主 譯）　丸善 2007年
- 加藤泰史、後藤玲子（編）《尊嚴與生存》（尊厳と生存）　法政大学出版局2022年
- 《人類增強》（*Human Enhancement*）　Julian Savulescu、Nick Bostrom（編）　牛津大學出版社 2009年

第4章　探索災害方面的哲學

- 喬治・阿甘本《我們如今在哪裡？：作為政治的流行病》（私たちはどこにいるのか？：政治としてのエピデミック）　高桑和巳（譯）　青土社 2021年
- 卡爾・施密特《政治神學》（政治神学）　田中浩、原田武雄（譯）　未來社 1971年
- 凱斯・桑思坦《推出你的影響力》（ナッジで、人を動かす：行動経済学の時代に、政策はどうあるべきか）　田總惠子（譯）　NTT出版 2020年
- 瑪麗・道格拉斯《純淨與危險》（汚穢と禁忌）　塚本利明（譯）　筑摩書房 2009年
- 伏爾泰《憨第德》（カンディード）　齊藤悦則（譯）　光文社 2015年
- 阿爾貝・卡繆《瘟疫》（ペスト）　宮崎嶺雄（譯）　新潮社 1969年
- 阿爾貝・卡繆《卡繆全集6 反叛者》（カミュ全集6 反抗的人間）　佐藤朔、高畠正明（譯）　新潮社 1973年
- 麥可・桑德爾《麥可・桑德爾的大震災特別講座》（マイケル・サンデル 大震災特別講義：私たちはどう生きるのか）　NHK「麥可・桑德爾 最終選擇」製作團隊（編）　NHK出版 2011年
- 宇佐美誠（編撰）《氣候正義：對抗全球暖化的規範理論》（気候正義：地球温暖化に立ち向かう規範理論）　勁草書房 2019年
- 隆納・L・山德勒《環境德行倫理學》（環境徳倫理学）　熊坂元大（譯）　勁草書房 2022年
- 山下真《不死的共同性：解讀卡爾・雅斯培的《原子戰爭與人類的前途》》（不死の共同性 ヤスパース『原子爆 と人間の未 』読解）　日本倫理學會（編）《倫理學報 第68集》P171-185 Mainichi Academic Form股份有限公司 2019年
- 馬丁・海德格《技術的追問》（技術への問い）　關口浩（譯）　平凡社 2013年
- 加藤尚武《災害理論：對安全工程的質疑》（災害論：安全性工学への疑問）　世界思想社 2011年
- 吉爾・德勒茲、皮埃爾—菲利克斯・伽塔利《資本主義與精神分裂分裂：千高原》（千のプラトー 上・中・下：資本主義と分裂症）　宇野邦一、小澤秋廣、田中敏、豐崎光一、宮林寬、守中高明（譯）　河出書房 2010年
- 《阿蘭 論幸福》（アラン 幸福論）　神谷幹夫（譯）　岩波書店 1998年
- 諸富祥彥《知識教科書：維克多・弗蘭克》（知の教科書：フランクル）　講談社 2016年

第5章　探索人生的哲學

- 《阿蘭 論幸福》（アラン 幸福論）　神谷幹夫（譯）　岩波書店 1998年
- 《羅素 幸福之路》（ラッセル 幸福論）　安藤貞雄（譯）　岩波書店 1991年
- 卡爾・希爾蒂《幸福論》（幸福論）　齊藤榮治（編）　白水社 2008年
- 阿圖爾・叔本華《人生智慧箴言》（幸福について）　鈴木芳子（譯）　光文社 2018年
- 《亞里斯多德 尼各馬可倫理學 上、下》（アリストテレス ニコマコス倫理学 上・下）　高田三郎（譯）　岩波書店 1971年、1973年
- 黑格爾《法哲學原理Ⅱ》（法の哲学Ⅱ）　藤野、赤澤正敏（譯）　中央公論新社 2001年
- 艾力・賀佛爾《艾力・賀佛爾自傳 想像中的真相》（エリック ホッファー自伝 構想された真実）　中本義 （譯）　作品社 2002年
- 漢娜・鄂蘭《人的條件》（人間の条件）　志水速雄（譯）　筑摩書房 1994
- 和辻哲郎《倫理學(一)～(四)》（倫理学(一)～(四)）　岩波書店 2007年
- 馬庫斯・加布里埃爾《與無法理解的他者共同生活：克服差異和分裂的哲學》（わかりあえない他者と生きる：差異と分断を乗り越える哲学）　大野和基（採訪、編輯）　月谷真紀（譯）　PHP研究所 2022年
- 馬丁・海德格《存在與時間 上、下》（存在と時間上・下）　細谷貞雄（譯）　筑摩書房 1994年

- 藤田正勝（編）《西田幾多郎書簡集》（西田幾多郎書簡集） 岩波書店 2020年
- 手塚治蟲《佛陀》（ブッダ） 全12卷 潮出版社 1992年、1993年
- 米爾恰・伊利亞德《〈新裝版〉聖與俗》（〈新装版〉聖と俗：宗教的なるものの本質について） 風間敏夫（譯） 法政大学出版局 2014年
- 約翰・洛克《論寬容》（寛容についての手紙） 加藤節、李靜和（譯） 岩波書店 2018年
- 埃杜阿多・門迪耶塔、喬納森・范安特沃普（編）《挑戰公共領域的宗教：為了後世俗化時代的共存》（公共圏に挑戦する宗教：ポスト世俗化時代における共棲のために） 箱田徹、金城美幸（譯） 岩波書店 2014年

第6章　探索抽象概念的哲學

- 約翰・斯圖亞特・彌爾《論自由》（自由論） 關口正司（譯） 岩波書店 2020年
- 尚一保羅・沙特《存在主義即人文主義》（実存主義とは何か） 伊吹武彦、海老坂武、石崎晴己（譯） 人文書院 1996年
- 《康德 實踐理性批判》（カント 実践理性批判） 波多野精一、宮本和吉、篠田英雄（譯） 岩波書店 1979年
- 柏拉圖《論愛美與哲學修養：柏拉圖《會飲篇》》（饗宴） 久保勉（譯） 岩波書店 1952年
- 《亞里斯多德 尼各馬可倫理學 上、下」（アリストテレス ニコマコス倫理学 上・下） 高田三郎（譯） 岩波書店 1971年、1973年
- 勒內・笛卡兒《論靈魂的激情》（情念論） 谷川多佳子（譯） 岩波書店 2008年
- 埃里希・弗羅姆《愛的藝術》（愛するということ（新訳版）） 鈴木晶（譯） 紀伊國屋書店 1991年
- 大庭健《善與惡：倫理學的邀請》（善と悪：倫理学への招待） 岩波書店 2006年
- 弗里德里希・尼采《善惡的彼岸》（善悪の彼岸） 木場深定（譯） 岩波書店 1970年
- 漢娜・鄂蘭《平凡的邪惡：艾希曼耶路撒冷大審紀實》（イェルサレムのアイヒマン：悪の陳腐さについての報告） 大久保和郎（譯） みすず書房 1969年
- 内山勝利、神崎繁、中畑正志（編）《物理學》（アリストテレス全集4：自然学） 岩波書店 2017年
- 厄爾・康尼、西奧多・薩德《存在之謎：形而上學導論》（形而上学レッスン：存在・時間・自由をめぐる哲学ガイド） 小山虎（譯） 春秋社 2009年
- 亨利・柏格森《時間與自由意志》（時間と自由） 中村文郎（譯） 岩波書店 2001年
- 馬丁・海德格《存在與時間 上、下》（存在と時間 上・下） 細谷貞雄（譯） 筑摩書房 1994年
- 馬庫斯・加布里埃爾《為什麼世界不存在》（なぜ世界は存在しないのか） 清水一浩（譯） 講談社 2018年
- 路德維希・維根斯坦《邏輯哲學論叢》（論理哲学論考） 野矢茂樹（譯） 岩波書店 2003年
- 戴維・查爾莫斯《Reality+：虛擬世界與哲學問題》（Reality＋: Virtual Worlds and the Problems of Philosophy） W.W. Norton & Company 2022年

【讓世界更有趣】
戴上哲學的眼鏡看世界
世界が面白くなる！身の回りの哲学

作　　　者	小川仁志	
譯　　　者	林美琪	
封 面 設 計	許紘維	
內 頁 排 版	高巧怡、簡至成	
行 銷 企 劃	蕭浩仰、江紫涓	
行 銷 統 籌	駱漢琦	
業 務 發 行	邱紹溢	
營 運 顧 問	郭其彬	
責 任 編 輯	林慈敏	
總 編 輯	李亞南	
出　　　版	漫遊者文化事業股份有限公司	
地　　　址	台北市103大同區重慶北路二段88號2樓之6	
電　　　話	(02) 2715-2022	
傳　　　真	(02) 2715-2021	
服 務 信 箱	service@azothbooks.com	
網 路 書 店	www.azothbooks.com	
臉　　　書	www.facebook.com/azothbooks.read	
發　　　行	大雁出版基地	
地　　　址	新北市231新店區北新路三段207-3號5樓	
電　　　話	(02) 8913-1005	
訂 單 傳 真	(02) 8913-1056	
初 版 一 刷	2024年10月	
定　　　價	台幣450元	

ISBN　978-986-489-999-9
有著作權‧侵害必究
本書如有缺頁、破損、裝訂錯誤，請寄回本公司更換。

SEKAI GA OMOSHIROKUNARU! MINOMAWARI NO
TETSUGAKU by Hitoshi Ogawa
Copyright © 2022 Hitoshi Ogawa
Illustrations copyright © 2022 Kujira
All rights reserved.
First published in Japan by ASA Publishing Co., Ltd., Tokyo
Traditional Chinese translation copyright © 2024
by Azoth Books Co., Ltd.
This Traditional Chinese edition is published by
arrangement with ASA Publishing Co., Ltd., Tokyo in care
of Tuttle Mori Agency, Inc., Tokyo, through Future View
Technology Ltd., Taipei.

國家圖書館出版品預行編目 (CIP) 資料

【讓世界更有趣】戴上哲學的眼鏡看世界：第一本
主題式哲學思考書，幫助你看清人生與世界的真相/
小川仁志著；林美琪譯. -- 初版. -- 臺北市：漫遊者文
化事業股份有限公司出版；新北市：大雁出版基地
發行, 2024.10
304 面；14.8 × 21 公分
譯自：世界が面白くなる! 身の回りの哲学
ISBN 978-986-489-999-9(平裝)
1.CST: 哲學 2.CST: 思維方法
100　　　　　　　　　　　　　　　113013004

漫遊，一種新的路上觀察學
www.azothbooks.com

漫遊者文化

大人的素養課，通往自由學習之路
www.ontheroad.today

遍路文化‧線上課程